Von Pferden lernen

Truckenbrodt • Fiegler

Von Pferden lernen

Wie der Umgang mit Pferden die Persönlichkeit entwickelt

blv

Inhalt

DIE SCHLAGZEILEN der Wirtschaftspresse oder Ergebnisse von zig Mitarbeiterbefragungen weisen auf einen zunehmenden Vertrauensverlust in die Führungskompetenz von Management in Politik und Wirtschaft hin. Gemeint ist eine natürliche Führungskompetenz, die Vertrauen schafft und sich als glaubwürdig erweist. Vertrauens- und glaubwürdig sein – eben diese beiden Qualitäten sind es, die auch einen guten Pferdemenschen ausmachen.

Was Großkopferte von Wesen mit noch größeren Köpfen lernen können

Pferde sind Herdentiere, die Führung suchen und fordern. Wenn diese nicht vertrauens-würdig erscheint, verweigern sie sofort Gefolgschaft und Leistung. Sie suchen sich ein anderes Leittier – oder melden selbst Führungsanspruch an. Im Training mit Pferden lernen Menschen, natürlich zu führen. Nicht begründet aus Hierarchie oder Status, aus Herrschafts- oder Fachwissen und schon gar nicht wegen bestechender Rhetorik oder einer eindrucksvollen Montur. Pferde lassen sich davon nicht beeindrucken. Gleichzeitig aber suchen sie nach Führung und vertrauen sich dem Leittier in der Kleinherde »Mensch-Pferd« an, sofern sie dem Leittier »Mensch« vertrauen können. Pferde haben darüber hinaus noch einen riesigen Vorteil: Sie reden nicht. Ihre Reaktionen sind unmittelbar, klar und offensichtlich und müssen nicht in diversen Feedbackschleifen decodiert werden. Das bringt dem Menschen weitere Erfahrungen. Zum einen die Notwendigkeit zu lernen ohne Worte mit den anderen zu kommunizieren, das heißt, sich 100%ig auf den anderen und dessen »Sprache« und »Verstehen« einzulassen. Die andere Erfahrung ist, dass auch wir Menschen wortlos kommunizieren und dies – jedoch meist unbewusst – auf unsere Entscheidungen, Einstellungen, Stimmungen und Verhalten einwirkt. Damit sind wir bei der »weichen« Seite dieses Ansatzes mit Pferden: Dem Bewusst-Sein der eigenen Haltung und Bewegung, der Atmung, der Augen bzw. Blickführung und ganz besonders der Fähigkeit, »einen Draht mit und zu dem anderen Wesen aufzubauen«. Manche nennen das Empathie, Mitgefühl, andere sprechen von emotionaler Intelligenz. Eine weitere wichtige Dimension ist, nennen wir sie »nicht virtuell, sondern real«: Mit wenigen Mausklicks ändern wir heute »virtuell« Geschäftspläne und Organisationsstrukturen. Etwas anderes ist es, real 500 kg Pferd von links nach rechts durch die Bahn zu bewegen, ohne das Pferd zu berühren oder am Strick zu führen. Die wesentliche Erfahrung ist es, sich wahrzunehmen, wenn es nicht klappt und Lösungen zu entwickeln, damit das »System« sich wie gewünscht verändert und in Bewegung kommt. Gerade Erfolgsverwöhnte erfahren dabei sehr schnell und real, ob Aggressionen oder Frustrationen in ihnen hoch kochen und wie sie dann mit und in diesem Wirkungsgefüge handeln. Und schon sind wir beim Thema, die eigene Fähigkeit sowie das Verhalten anderer einschätzen und realistische Ziele setzen zu können. Natürliche Führungskompetenz ist eine sehr seltene und kostbare Qualifikation. Aber jeder einzelne kann diese Kompetenz erleben und (selbst) entwickeln. Ein sehr effektiver Weg ist es, Pferde als Trainer zu nehmen, diese zu führen und zu fühlen, mit ihnen als Teil eines Systems zu arbeiten – und ansonsten einmal das Denken den Pferden zu überlassen, die haben bekanntlich größere Köpfe. Bei der Lektüre wünsche ich Ihnen viele neue und interessante Gedanken und positive Anregungen auf Ihrem weiteren Weg zu einem natürlichen Führen – Ihres eigenen Lebens, Ihrer Beziehungen, Ihrer Kinder, Ihrer Kollegen und Mitarbeiter.

Rainer J. Schätzle

Verantwortlich für Führungs- und Vergütungssysteme in einem der größten deutschen Wirtschaftsunternehmen, Autor des FAZ Wirtschaftsbuches »Sind Manager ihr Geld wert – wie wertorientierte Unternehmensführung funktioniert, glücklich verheirateter Vater zweier reitbegeisterter Kinder und Besitzer eines jungen Partbred-Arabers.

DIESES BUCH IST ein kleines Experiment: Es ist der Versuch, das Besondere, was so schwer in Worte zu fassen ist, in Schriftform zu gießen. Das Außergewöhnliche über gewöhnlichen Weg zu transportieren. Viele, die ursprünglich von Pferden nichts wissen wollen, sind oft schon nach kurzer Zeit fasziniert von dem, was Pferde bei ihnen auslösen. Wir selbst sind auch immer wieder von neuem fasziniert, wie Menschen durch Pferde wachsen können. Dieses Buch kann ein Erlebnis mit Pferden niemals ersetzen. Aber es lädt Sie ein: zum Nachdenken, Querdenken, Hinterfragen, Ausprobieren, Sich öffnen, Inspirieren lassen. Neues Entdecken. Lachen. Umsetzen. Es will nicht nur gelesen, sondern auch verarbeitet werden. Plötzlich werden Sie dann feststellen: Sie sind schon mittendrin. In was?! Lesen Sie selbst.

Einführung

Damit Sie so viel wie möglich davon profitieren können, hier ein paar Tipps:

Lernstufen

Auf Seite 25 finden Sie eine Grafik über Lernstufen.

Diese Stufen werden Ihnen in allen Kapiteln wieder begegnen. Im jeweiligen Praxisteil haben wir für Sie ausgewählte Übungen zusammengestellt, die auf unterschiedlichen Lernstufen basieren. Um auf die jeweils höhere Stufe zu gelangen, können Sie selbst entweder eine weitere Übung aus dem Buch wählen oder mit der gleichen Übung auf eine andere Lernstufe gehen. Lassen Sie sich überraschen!

Der geschützte Rahmen

In unseren Seminaren und Workshops bieten wir unseren Teilnehmern einen geschützten Rahmen. Fachkompetenz, respektvoller Umgang sowie Pferde, die für ihre Aufgabe bestens geschult sind, garantieren optimale Rahmenbedingungen für diese Art, sich von Pferden stärken zu lassen.

WENN SIE DIE Ideen und Übungen aus diesem Buch mit Ihren eigenen Pferden und anderen Menschen nachvollziehen möchten, bestimmen Sie die Rahmenbedingungen. Achten Sie auf Sicherheit, Respekt und überfordern Sie niemanden! Weniger ist manchmal mehr.

Was Pferde bieten

Dass uns der Anblick der Tiere so ergötzt,
beruht hauptsächlich darauf, dass es uns freut,
unser eigenes Wesen so vereinfacht
vor uns zu sehen.

Arthur Schopenhauer

ES GIBT SCHON unzählige Bücher über Pferde und Menschen, Reitweisen, Techniken und Herangehensweisen. Weshalb dieses Buch? Wozu und für wen haben wir es geschrieben?

Ein ungewöhnliches Angebot

GRUNDSÄTZLICH RICHTET ES sich sowohl an Reiter und Pferdeleute als auch – und das ist etwas Besonderes – gerade an Nicht-Pferdeleute – also all jene, die aus irgendeinem Grund noch nie oder nur am Rande Kontakt zu Pferden hatten. Beide werden von diesem Buch profitieren, denn es ist aus unseren jahrelangen Praxis-Erfahrungen in Seminaren, Workshops und Einzelcoachings entstanden. Deshalb wissen wir, was Pferde bei Menschen bewegen können: Wenn man ihnen die Chance dazu gibt! Pferde bieten weit mehr, als einfach nur einen Menschen auf ihrem Rücken zu tragen! Unsere These lautet: Sobald sich ein Mensch wirklich auf Pferde einlässt, wird er auch innerlich »bewegt«. Leider passiert viel zu oft das Gegenteil: Wenn ein Pferd Probleme macht, wird es zur Korrektur abgegeben. Dort wird es korrigiert, der Reiter (der nicht selten viel Geld dafür ausgibt) nimmt es freudestrahlend als »neues, korrigiertes, jetzt gut funktionierendes« Pferd entgegen, und erlebt in gewohnter Umgebung sein blaues Wunder: Die alten Symptome und Schwierigkeiten tauchen wieder auf!

DARAUFHIN GIBT ES verschiedene Varianten, damit umzugehen. Entweder ist die Loyalität zum Ausbilder ungebrochen, man wendet sich wiederum hilfesuchend an ihn – weil der es einfach kann. Man selbst zweifelt dafür umso mehr an seinen eigenen Techniken und mehr und mehr auch an sich selbst. Die zweite Variante: Natürlich ist der Ausbilder schlecht: Er konnte es dem Pferd auf Dauer nicht beibringen, oder es war die falsche Methode. Die Suche nach einem neuen Ausbilder, einer neuen Methode geht los. Die dritte Variante: das Pferd ist einfach ein hoffnungsloser Fall!

Das wäre eigentlich der ideale Zeitpunkt für eine Erkenntnis, um die es uns hier in diesem Buch geht: Wann immer Sie etwas verändern wollen, kommen Sie niemals um sich selbst herum! Sei es im Pferdestall, in Ihrer Firma, in Ihrer Partnerschaft, in Ihrer Familie oder in Ihrem Leben generell. Es beginnt und endet immer mit Ihnen.

Eine banale und gleichzeitig bahnbrechende Erkenntnis. Für viele zusätzlich eine Enttäuschung. Sie sind enttäuscht über die Tatsache, dass es ein langer (und manchmal auch steiniger) Weg ist, den Sie ganz und gar selbst gehen, und die Steine auch noch selbst wegräumen müssen. Doch die Pferde können Ihnen hierbei helfen!

Und in diesem Buch geht es um genau dieses besondere Phänomen, diese ganz besondere Qualität, die viele Reiter und Pferde-Menschen unbewusst oder bewusst spüren: Sie fühlen sich nach dem Kontakt mit (ihrem) Pferd anders als davor. Ob im »klassischen Reit-Sport«, oder auch als »Wald- und Wiesenreiter«: Der Kontakt mit Pferden bewirkt etwas beim Menschen. Heilpädagogik und Hippotherapie machen sich die besondere Fähigkeit der Pferde schon seit Jahren zunutze. Pferde üben durch ihre Größe, Schnelligkeit und Kraft auf viele Menschen eine große Faszination aus – andere wiederum werden gerade von diesen Qualitäten eher erschreckt: Die Angst, das Pferd nicht beherrschen zu können, es irgendwann schon mal als bockig, eigenwillig, ein Pferd gar als bissig erlebt zu haben, schreckt ab. Manch anderer ist durch einen Unfall oder Tritt zu dem Schluss gekommen: Pferde – nein danke! Und wenn, dann nur von weitem!

PFERDE SIND DEM MENSCHEN körperlich eindeutig überlegen. Sie sind um einiges größer, sehr viel kräftiger und schneller. Ohne mechanische Hilfsmittel (Halfter, Strick, Trense, Gerte, Peitsche, Sporen, etc.) stellt sich im direkten Kontakt mit dem Pferd unweigerlich Respekt vor dessen körperlicher Überlegenheit ein. Wie kann sich der Mensch aber diesen Respekt des Tieres erwerben? Einerseits durch technische Hilfsmittel und Zwang. So können Pferde durchaus mittels Gewalt unterwürfig und gehorsam gemacht werden. Der Preis: eine funktionierende Maschine, deren Wesen gebrochen wurde und die aus Angst funktioniert.

Es gibt aber auch einen anderen Zugang – wahrnehmbar vielleicht für den einen oder anderen, der bei der Morgenarbeit der Wiener Hofreitschule zuschaut.

Oder wer plötzlich bei einem Ausritt in die Bewegungen seines Pferdes eintaucht und dadurch Zeit und Raum vergisst.
Oder wer sich die Zeit nimmt und sich am Rande einer Pferdeweide hinsetzt, um mit all seinen Sinnen die Pferde wahrzunehmen, ihnen beim Grasen zuzusehen, ihr Schnauben zu hören, das Gras zu riechen und den Geruch der Pferde... Alle drei Beispiele haben eine Gemeinsamkeit: Respekt. Vor sich selbst, vor der Natur, vor der Kreatur und vor dem Leben generell.

Das Pferd als Ausdruck von Kraft und Geschwindigkeit

Respekt ist ein Wert, den wir in den letzten Jahrhunderten – zumindest der Natur gegenüber – sehr vermissen haben lassen.
Gleichzeitig haben viele ein hohes Respektbewusstsein Autoritäten gegenüber. Doch: Egal, vor wem oder was – ohne Selbst-Respekt wird Respekt anderen gegenüber zu blindem Gehorsam. Und Leistungsforderung ohne Respekt wird zu Ausbeutung und Abrichtung.

ES IST FÜR UNS selbstverständlich, dass Ehrfurcht und Respekt anderen Menschen gegenüber in ihrer Einzigartigkeit und Verschiedenheit ein elementarer Bestandteil jeder Demokratie sind. Doch wo fängt dieser Respekt eigentlich an?
Gilt Respekt nur bei anderen Menschen? Nur bei Ideen und Ansichten? Oder fängt es früher an? Vielleicht ist Respekt sehr einseitig assoziiert mit Militär, bürokratisch-hierarchischen Strukturen und »Funktionieren müssen«? Die andere Seite von Respekt könnte aus Mitgefühl, Liebe, Anerkennung und Demut bestehen.

Respektvoll-sein statt: »Respekt-haben-vor«

Und genau hier beginnt der andere Zugang zu den Pferden – und zu unserem Leben. Zum Alltag, seinen Herausforderungen, zu den Firmen, die mit ihren aktuellen Problem- und Schieflagen mehr denn je gefordert sind, ihre Mitarbeiter mit einem reifen Wertebewusstsein zu führen und Sinn zu stiften. Sinnstiftung und Wertewandel in der Führung: Das neue Modewort! Im Umgang mit Pferden zeigt es sich in einer sehr einfachen, natürlichen und real erlebbaren Weise.

DIESES BUCH SPRICHT die verschiedenen Erfahrungsfelder an, die dieser Ansatz bietet. Sowohl die Nichtreiter unter Ihnen als auch erfahrene Reiter oder Reitanfänger werden am Ende jedes Kapitels einige praktische Übungen zum Ausprobieren finden.

GANZ EGAL, OB SIE FREIZEITREITER, Dressur- oder Springreiter sind, beruflich oder privat mit Pferden zu tun haben: Sie werden davon profitieren!
Wissen alleine reicht nicht aus – nur wer die Erfahrung dazu gemacht hat, weiß hinterher wirklich mehr!
Es ist immer wieder ein einzigartiges Erlebnis, zu sehen, wie Menschen, die noch nie mit diesen Tieren Kontakt hatten, schon nach einem Tag mit den Pferden umgehen: Wie selbstverständlich reagiert da ein Pferd auf minimale Zeichen – weicht in alle Richtungen, wechselt schlagartig die Gangart .... Und »alte Rei-

Pferde bieten Menschen, ob Reiter oder Nichtreiter, eindrucksvolle Begegnungen.

tersleute« wissen ebenfalls nach einem Tag mit leuchtenden Augen zu berichten, dass sie zum ersten Mal seit 20 Jahren Pferden ganz neu begegnet sind: Würdevoll, achtsam, vor allem viel leichter, intuitiv und jenseits aller Techniken einfach lebendig!

Pferde bewegen den Menschen – auch innerlich ...

VIELLEICHT GEHT IHR KONTAKT mit Pferden in die Richtung, wie wir denken. Vielleicht geht Ihre Lebensgestaltung in die Richtung, die wir vorschlagen. Dann finden Sie sicherlich viele interessante Hinweise! Vielleicht glauben Sie aber auch, eine ganz andere Art und Weise zu denken, zu handeln, und zu leben, ist die für Sie bessere. Das mag stimmen! Nicht für jeden Menschen und jedes Pferd, nicht für jede Situation und nicht für jedes Problem gibt es nur eine richtige Herangehensweise. Wichtig ist, dass Sie entscheiden, wovon Sie sich gerne inspirieren lassen.

Doch vorher sollten wir uns noch mit einer Frage beschäftigen: Welchen Respekt müssen wir Menschen den Pferden entgegenbringen, damit sie uns das, wovon wir erzählen werden, überhaupt geben können? Was sollten wir von ihnen wissen?

Ein paar Worte zum Wesen Pferd

Pferde sind trotz all ihrer Größe und Kraft **Fluchttiere.**
Trotz Jahrhunderte langer Domestizierung tragen diese ca. 500 kg schweren Tiere immer noch die Angst in sich, Raubtiere könnten sich von hinten an sie anschleichen, sich auf sie stürzen, sie töten!
Pferde sind, wie wir Menschen auch, **soziale Wesen.**
Noch wichtiger als Bewegung ist der Sozialkontakt zu anderen Pferden. In einer von Leitstute und Leithengst gut geführten Pferdeherde fühlen sie sich geschützt und sicher.
Und der dritte wesentliche Punkt: Pferde sind **Bewegungstiere.** Pferde brauchen nur ca. 3 bis 4 Stunden festen Schlaf, 5–6 Stunden Ruhe, der Rest besteht aus langsamer Bewegung: Meist grasend im Schritt – nur manchmal durch schnellere Gangarten unterbrochen (Spiel oder Flucht).
Werden die Bedürfnisse der Pferde ernst genommen und in artgerechte Haltung und gute Fütterung umgesetzt, dann ist die wesentliche Basis für lebendige, gesunde und aufmerksame Tiere geschaffen. Und nur solche Pferde können den Menschen auch stärken!
Unsere Herangehensweise hat sich auch im Rahmen unseres Trainings bewährt. Die Pferde haben eine langjährige Ausbildung in dieser Richtung bekommen und sind dadurch im Umgang mit wenig(er) ausgebildeten Leuten bzw. Neulingen geschult: Sie haben gelernt, mit Ängsten umzugehen. Bei Angst wäre der natürliche Impuls die Flucht, doch sie bleiben bei Angst erst einmal stehen, denn sie haben gelernt, zu atmen und abzuwarten. Das ist für die Pferde manchmal auch psychisch sehr belastend, deshalb werden sie nach der Arbeit und zwischendurch immer mal wieder »korrigiert«, d.h. sie werden mit stimmigen Impulsen wieder an die Rangordnung und zarte Hilfengebung »erinnert«. Ihre Muskulatur wird durch Massagen, Körperübungen und gutes, abwechslungsreiches Reiten weich und locker gehalten.
Sollte bei Ihnen die eine oder andere Übung aus unseren Vorschlägen nicht gleich so klappen, wie Sie sich das wünschen, dann könnte es daran liegen, dass Sie vielleicht einen ganz anderen (Ausbildungs-)Schritt zuvor tun müssen, und/oder auch die Haltungsweise Ihres Vierbeiners überprüfen sollten. Vielleicht benötigen Sie auch Impulse oder Hilfestellung von außen. Überfordern Sie sich und ihr Pferd nicht. Gehen Sie Schritt für Schritt vor!

PFERDE BEGLEITEN den Menschen seit Jahrtausenden. Sie waren über die vielen Jahrhunderte hinweg in sehr vielen Lebensbereichen kaum wegdenkbar und dienten den Menschen bei bestimmten Aufgaben, sei es im Krieg, zu Repräsentationszwecken, als Fortbewegungsmittel oder als Arbeitskraft. Im

Pferd und Mensch: eine besondere Beziehung

20. Jahrhundert hat die Technik das Pferd abgelöst: Autos übernahmen die Rolle des Statussymbols – und bieten mit ihren »Pferdestärken« als Fortbewegungsmittel ein weitaus schnelleres und komfortableres Vorwärtskommen.

Unterschiedlichste Maschinen werden für die einst vom Last- und Pflugtier übernommenen Arbeiten eingesetzt, militärische Aktionen haben sich vom Pferderücken auf ganz andere Kriegs-Strategien verlagert.

Mensch und Pferd verbindet über Jahrtausende hinweg eine gemeinsame Geschichte.

DAS PFERD hat seine wesentlichen Funktionen als Begleiter und Helfer des Menschen verloren. Was übrig geblieben ist, sind alleine Sport und Freizeit. Bereiche, die es im Vergleich zur langen Geschichte der Pferd-Mensch-Beziehung erst relativ kurz gibt. Die besondere Rolle des Pferdes in der Geschichte des Menschen ist schon fast vergessen. Alleine Reiterstandbilder, Märchen und Gemälde erinnern an die ehemals wichtige Bedeutung der Pferde für uns Menschen.

Doch das Interesse und die Faszination an Pferden hat sich trotz allem erhalten. Neue Felder tun sich auf. Die Freizeitreiterszene ist in den letzten Jahrzehnten stark gewachsen und ist vielfältiger geworden. Neue Ansätze entwickeln sich und gleichzeitig findet ein Rückbesinnen auf die »alten Meister« und das so genannte »natural horsemanship« statt.

Immer öfter werden Pferde auch in Seminaren und Trainings für Führungskräfte oder zur Persönlichkeitsentwicklung eingebunden. Sie haben uns über ihren jahrhundertelangen Dienst hinaus anscheinend immer noch etwas zu geben.
Es mag vermessen sein, sie als »Botschafter« zu bezeichnen – doch wer sie als Lehrmeister und Partner ansieht, der kann von diesen Wesen, die diese lange Pferd-Mensch-Beziehung in sich tragen, sehr viel lernen! Hier sehen wir eine grundlegend neue Ausrichtung und Betrachtung im Zusammenspiel zwischen Mensch und Pferd. Weder als Kind-Ersatz, noch als Untertan und auch nicht auf die vereinfachte Ebene ihres Instinktes reduziert – sondern als Partner und »Mitlerner« des Menschen.

GRUNDSÄTZLICH IST DAS gar nicht so neu. Schon immer haben gute Lehrmeister ihre Pferde nicht einfach nur »abgerichtet«, sondern sind einen langen und gemeinsamen Weg mit ihnen zusammen gegangen. Haben mit den Pferden und von den Pferden gelernt. Waren Lehrmeister und Schüler zugleich. Doch in der Komplexität und den Herausforderungen der heutigen Welt bekommen die Erkenntnisse und Erfahrungen, die der Mensch mit und durch die Pferde machen kann, noch eine zusätzliche Bedeutung. Letztlich geht es nicht nur um gutes Reiten, um Freizeitgestaltung oder um Selbstentfaltung.
Wer sich um eine gelungene, verantwortungsvolle und sinnstiftende Gestaltung seines Lebens bemüht – mit und für andere – , wer Verantwortung trägt und an dieser Verantwortung wachsen möchte, der kann enorm viel von und mit Pferden lernen!

Weshalb beschäftig(t)en sich Menschen mit Pferden?

- *aus wirtschaftlicher Abhängigkeit heraus: das Pferd als Arbeits-, Last-, Zug-, Reit-Tier*
- *für militärische Mobilität und Kriegskunst: das Pferd als Kriegs- und Machtsymbol*
- *für Repräsentations-Zwecke: das Pferd in der klassischen Reitkunst*
- *aus sportlicher Erfolgsorientierung heraus: das Pferd als Kamerad und Statussymbol*
- *mit Freizeitorientierung: das Pferd als »Freund« und Naturbezug*
- *mit medizinisch-psychologischer Ausrichtung: das Pferd als Medium in der Heilpädagogik*
- *für die Persönlichkeitsentwicklung des Menschen: das Pferd als Lehrer, Trainer und Partner*

WORTE KÖNNEN LÜGEN. Unsere Körpersprache jedoch nicht: Als elementare Form des Selbstausdrucks spiegelt sie unsere Gefühle und unser Innenleben wider.
Gedanken, Haltung, Gestik, Mimik, Atmung, Blickkontakt, Bewegungen im Raum, Distanz und Nähe: All diese Elemente zusammen machen den Gesamteindruck einer Person aus. Von der ersten Sekunde an. Auch wenn Sie noch kein

Pferde als Spiegel des Menschen

einziges Wort gesprochen haben! Das bedeutet: Sie können nicht »nicht wirken«: Sobald mehr als eine Person und/oder Pferd sich begegnen, findet Kommunikation, findet gegenseitige Wirkung statt. Denn auch Pferde nehmen sehr schnell diese vielen kleinen körpersprachlichen Signale auf und reagieren darauf. Unmittelbar! Während Unstimmigkeiten im Verhalten einer Person von uns Menschen mehr auf der unbewussten Ebene wahrgenommen werden und wir uns eher auf die Worte fokussieren, entscheidet letztlich die Körpersprache, ob wir den anderen überhaupt als gegenüber wahrnehmen, ihm zuhören und als glaubwürdig einstufen.

Sind die Worte mit der Körpersprache stimmig, wirkt der Mensch auch so. Gibt es Ungereimtheiten, dann wissen wir zwar oft nicht genau, woran das liegt, machen vielleicht unser »Bauchgefühl« verantwortlich, letztlich sind es jedoch all die einzelnen Signale zusammengenommen, die einen Gesamteindruck von Widersprüchen erzeugen. Wir sind vielschichtige Wesen! Und so findet eine recht komplexe Mischung aus Gefühlen, Wünschen, Empfindungen in unserem Körper gleichzeitig seinen Ausdruck. Pferde reagieren sehr sensibel auf all diese noch so kleinen (auch unbewusst gesendeten) Signale – und lassen sich niemals von aufgesetztem Verhalten täuschen. Sie nähern sich einem Menschen nur dann bereitwillig, wenn sie in ihm eine »Pferdepersönlichkeit« erkennen, wenn vom Menschen genug Klarheit, Kongruenz und Eindeutigkeit ausgehen, so dass sie sich ruhig und sicher fühlen können:

Das Pferd reagiert exakt auf die Körpersprache seines Gegenübers. Alle Reaktionen kommen folgerichtig, direkt und pur.

»Diesem Menschen kann ich vertrauen. Er weiß, was er will.« Entscheidend ist also, dass die innere Haltung des Menschen mit seinem Verhalten übereinstimmt.

Wer zum Beispiel Angst vor einem Pferd hat, sie jedoch (vielleicht auch vor sich selbst) nicht zugibt, dem antwortet das Pferd auf die Angst, nicht auf seine Worte!

Wer nach außen durch eine laute, feste Stimme Sicherheit demonstrieren will, in sich aber unsicher ist, ob er dies oder jenes tun soll, dem wird das Pferd auch dies sehr unmittelbar spiegeln – nämlich mit: Unsicherheit!

Das ist der große Unterschied zu uns Menschen, die wir gelernt haben, unsere Verhaltensweisen nach sozial festgelegten und sanktionierten Normen,

Vertrauen als Basis für Aktionen: Pferd und Mensch sind in Verbindung.

Worten, Titeln und Status auszurichten. Kommunikative Tricks oder Statussymbole wie Krawatte oder Kleidung wirken bei Pferden nicht! Sie geben auch nie »höfliches« Feedback – dafür aber immer sehr direkt und ehrlich (im Sinne von unmittelbar)!

PFERDE HABEN wohl ein gut ausgeprägtes Sozialverhalten, jedoch keinerlei soziales (sprich kulturell geprägtes) Verhalten. Diese Natürlichkeit ist es, die dem Menschen den Spiegel vorhält! Wer das Pferd als (quasi vergrößerten) Spiegel seines eigenen Verhaltens akzeptiert, wird fähig, das eigene Tun selbstkritisch auf Authentizität hin zu überprüfen.
Eine positive Nebenwirkung davon ist: Die Beobachtungsgabe verfeinert und schärft sich. Eventuell langjährig angewandte Methoden und Verhaltensweisen werden plötzlich nicht mehr als gegeben und unhinterfragt hingenommen. Eingeschlichene Gewohnheiten und Muster kommen ans Licht! Und die Erfahrungen mit dem Pferd sind oft übertragbar in typische Situationen aus dem Alltag.

Die Botschaft
hör ich wohl,
allein mir fehlt
der Glaube.
Johann Wolfgang Goethe

LETZTLICH GEHT es darum, sich selbst besser kennen zu lernen, dem eigenen Wesen und den eigenen Gefühlen auf die Spur zu kommen, und in der Arbeit auch einmal herzhaft zu lachen! Auch über sich. Oder mit der eigenen Ohnmacht, dem Ärger, der Wut oder Trauer in Kontakt zu kommen. Das erschreckt auf den ersten Blick. Doch sobald diese Gefühle da sein dürfen, verlieren sie an Macht (wenn man glaubt, sie kontrollieren zu müssen, kostet es enorm viel Energie, gegen sie anzukämpfen!) und »fließen einfach ab«. Vergessen Sie nicht: Wenn Sie Ihren Gefühlen Raum geben, leben Sie. Und das macht frei. Und Spaß. Meistens.

OHNE ES ZU WOLLEN, macht jeder von uns immer wieder Fehler. Sie nicht zugeben zu wollen oder sich hinter Masken oder Methoden zu verstecken, ist bei Pferden sinnlos. Denn sie decken jede noch so kleine Unstimmigkeit gnadenlos auf. Hier hilft kein noch so geschicktes Agieren mehr. Durch das Verdrängen oder Herunterspielen von Gefühlen wird wertvolle Energie gebunden. Anstatt frei und authentisch zu agieren, wirkt das Verhalten unfrei, verstockt, blockiert und »aufgesetzt«.

Wer stimmig ist, d.h. bei wem Gefühle, Worte und Taten zusammenpassen, wirkt kongruent, voller Würde, Freiheit und Freude! Energie wird freigesetzt. Dieser Mensch ist spürbar anwesend, und wird von anderen auch bemerkt und wahrgenommen.

»Gut sein wollen« als Motivator verhindert manchmal eine echte Verbindung zwischen Mensch und Pferd.

Und genau das, was hinter den gesellschaftlichen Masken verborgen ist, ist das, was jeden einzelnen Menschen auch so besonders und einzigartig macht!

SICH IM SPIEGEL des Pferdes anzuschauen erfordert Mut. Denn eines unserer größten Bedürfnisse ist das nach Beachtung. Wer positiv beachtet wird, fühlt sich gesehen und bestärkt darin, dass er »in Ordnung« ist. Die große Angst dahinter, bei jedem Menschen: abgelehnt zu werden. Wenn wir die Ergebnisse unserer Handlungen daran messen, ob die Umwelt uns akzeptiert oder nicht, dann messen wir unseren Wert daran. Daher rührt die Angst vor dem Versagen, nämlich deswegen von anderen abgelehnt und nicht beachtet zu werden. Das wird landläufig dann als »Fehler« bezeichnet.
Es gibt aber keine Fehler, nur Resultate! Das, was passiert, hat nur die Bedeutung, die Sie der Situation geben. Somit gibt es keine guten oder schlechten Verhaltensweisen, sondern erst mal »nur« Verhaltensweisen. Doch sobald Sie erkennen, weshalb bestimmte Bemühungen fehlschlagen, können die Resultate verändert werden!

WIR ALLE HABEN DEN ein oder anderen blinden Fleck in der Selbstwahrnehmung – der Spiegel Pferd führt zu überraschenden, neuen Einsichten!

LERNEN. Dieser Begriff ist leider durch schlechte Erfahrungen und schulische Sozialisation viel zu oft auf das Übermitteln von Wissen und Fertigkeiten beschränkt. Die reine Vermittlung von isolierten Fertigkeiten hat meist jedoch nur sehr begrenzte Wirkung. Denn wie schwer fällt es uns (mit zunehmendem Alter immer mehr), eigentlich »Gelerntes« richtig umzusetzen?

Stufen und Prozesse des Lernens

Da wissen auch Reitschüler ein Lied davon zu singen, die sich Stunde um Stunde abmühen, etwas richtig zu machen, ohne jedoch eine wirkliche Vorstellung davon zu haben, wie eine »halbe Parade« oder ein »Schulterherein« richtig durchgeführt, sich körperlich anfühlen könnte!

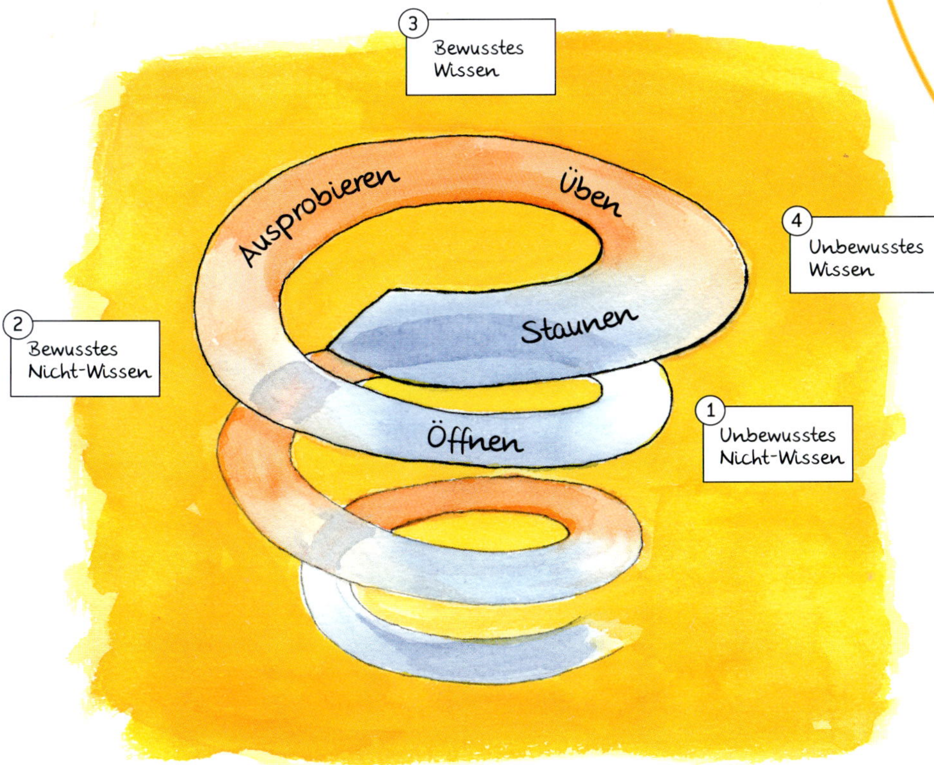

Hier gibt es also einen Bruch zwischen Theorie und Praxis. Nicht nur in den Schulen, Universitäten, Unternehmen und Reitschulen. Vielleicht liegt es auch nur am verflachten Begriff des »Lernens«, der mit Vermittlung von Techniken zu kurz greift.

Erfahrung nutzt nichts, außer man hat daraus gelernt.
Bernd Schmid

Es gibt ein für unsere Zwecke recht brauchbares Konzept des Lernens, das wir hier aufgreifen möchten: Darin sind vier Stufen von Lernprozessen beschrieben, die aufeinander aufbauen. Wir haben das Modell in Form einer Spirale gegossen, da wir davon ausgehen, dass sich Entwicklungen nicht linear, sondern meist zyklisch vollziehen.

Stufe 1: Unbewusstes Nicht-Wissen

»Ich weiß noch gar nicht, dass ich nichts weiß«. Es ist noch gar kein Bewusstsein dafür vorhanden, was möglich wäre. Von dieser Stufe löst man sich bekanntlich nur durch Neugier (wer sich öffnet für Neues) oder durch Leidensdruck (wer vom Schicksal in etwas Neues hineingeworfen wird). Wer jedoch kein Interesse an Neuem hat – und das Bewährte zumindest so tauglich ist, dass es funktioniert, dem kann der beste Lehrer die weisesten Dinge erzählen: Es ist grob gesagt: »Perlen vor die Säue« geworfen. Alles Wissen geht zum einen Ohr hinein – und zum anderen wieder hinaus. Gerade theoretisches Wissen kann gar nicht verankert werden, denn der Empfänger vergleicht es

Die Entscheidung sich zu öffnen ist gefallen!

erst gar nicht mit dem Bekannten, da er es gar nicht sieht! So können wir Ihnen in diesem Buch viel über Pferde erzählen: Wenn Ihre innere Einstellung zu Pferden eine negative ist, und Sie sich eigentlich nicht mit neuen Gedanken auseinandersetzen wollen, haben wir keine Chance. Erst, wer **sich entscheidet, sich zu öffnen,** dem bietet sich die Chance, etwas Neues zu lernen. Erfahrungsgemäß ist diese Hemmschwelle die entscheidende und schwierigste. Und für viele erst mal ein Schock. Und: Es bietet sich lediglich die Chance! Es kann natürlich auch sein, dass das, was wir bieten, Ihnen nicht dient. Nicht jede Methode oder Idee ist für jede Person zu jeder Zeit für jedes Problem die richtige! Sie alleine können und sollten entscheiden, was Sie lernen (wollen) und was nicht!

Stufe 2: Bewusstes Nicht-Wissen

Ohne Vorurteile etwas Neues auszuprobieren kann ein wesentlicher Lernschritt sein.

Dies ist die mit Abstand »unangenehmste« Stufe, da man sich mit seiner eigenen Unwissenheit auseinandersetzen muss. Erst wer sich klar gemacht hat, wie unwissend er eigentlich ist, kann erkennen, wie viele Wissensgebiete es noch zu erkunden gibt. Wer sich hier nicht scheut, Defizite (vor sich selbst) anzuerkennen, der profitiert am meisten davon: Er gibt sich die Chance, Neues auszuprobieren! Hier werden »Fehler« gemacht! Hier ist man Anfänger. Hier ist es manchmal sehr mühsam, aber gleichzeitig spannend, da viel Neues einem entgegenkommt. Wie oft verschanzen sich Reiter und Nicht-Reiter auf den Gebieten, die sie vermeintlich kennen, in Rechthaberei (welche Reitweise ist die »richtige«?) oder im Methoden-Streit. Wer jedoch auch mal etwas Neues ausprobiert, könnte davon bereichert werden!

Stufe 3: Bewusstes Wissen

Diese Stufe ist mühsam. Das, was einmal ausprobiert wurde, muss nun eingeübt, trainiert und wiederholt werden. Das »Anfängerglück« verschwindet, manches geht schwerer als beim ersten Mal. Muskelkater, Demotivation und Schweiß sind ganz normal: Hier gilt: Es ist noch kein Meister vom Himmel gefallen! Kleine, manchmal schwer erscheinende Übungsschritte sind zu tun, Schritt für Schritt. Manchmal macht sich hier auch Ungeduld breit. Und die größte Schwierigkeit ist hier der überhöhte Anspruch an sich selbst. Mit zunehmender Übung fällt jedoch jeder Schritt leichter. Und: Plötzlich ist es da: Eine Übung gelingt, ein Ziel ist erreicht, eine Begegnung war leicht. Und die letzte Stufe beginnt.

Jede Reise beginnt mit dem ersten Schritt.

Wie leicht und mühelos die Dinge werden können …

Stufe 4: Unbewusstes Wissen

Es sieht ganz leicht aus. Als hätte es nie etwas anderes gegeben … Alle Schritte sind hunderte Male geübt – und dann wieder vergessen. Plötzlich lebt man es – und dann wird es völlig »normal«. Das ist auch der Grund, weshalb viele, die eine hohe Kunst beherrschen, auf die Frage: »Wie machst Du das?« keine richtige Antwort geben können! Es ist schon ins Unbewusste gerutscht. »So mache ich das, ist doch ganz einfach« – erhält man oft zur Antwort.
Dabei gibt es noch ein Phänomen: Was einem leicht fällt, fällt einem selten auf! Die Gefahr: Nicht mehr darauf zu achten und zu würdigen, was und warum etwas gut funktioniert! Und so werden häufig die eigenen Stärken übersehen. Auch hier gilt: Wirksamkeit und Kompetenz gilt es zu sehen, zu würdigen, und hin und wieder auch zu feiern!

UND WER DANN OFFEN bleibt und trotz allen Wissens immer wieder staunen kann, ermöglicht es sich, wieder mit Stufe 1 auf einer höheren Ebene zu beginnen. Immer wieder kann es sein, dass Sie sich »wie am Anfang« fühlen – doch vielleicht haben Sie nur eine spiralförmige Entwicklung hinter sich und stehen zwar wieder am Anfang, jedoch eine Stufe weiter oben! Prima, der Zyklus kann von neuem beginnen! Die Qualität wird diesmal schon eine andere sein.

WIE WIR DINGE AUFNEHMEN, mit anderen Lebewesen umgehen, von ihnen lernen und mit ihnen arbeiten, hängt stark von unserem Denken ab. Seit Jahrtausenden formt das, was und wie Menschen denken, und woran sie glauben, ihren Umgang mit sich selbst und ihrer Umwelt. Jeder Kultur liegt das Denken der sie gestaltenden Menschen zugrunde. Unsere Kultur wur-

Altes und neues Denken

de die letzten Jahrhunderte sehr stark geprägt vom logisch-mechanistischen Weltbild: Bestimmte Ursachen haben bestimmte Wirkungen. Dieses Denken basiert auf der Idee, dass Maschinen nach berechenbaren Input-Output-Relationen funktionieren. Die Prozesse und die Ergebnisse sind messbar, vorhersehbar und kontrollierbar. Dieses Denkmodell wurde auf Lebewesen und auch auf den Menschen übertragen: Der Mensch als »black box«: Wer auf der einen Seite etwas hineingibt, der bekommt auf der anderen Seite etwas heraus. Mag dieses Schema bei statischen Systemen auch funktionieren, so kommt es bei soziale Wesen an seine Grenzen: Denn sie interagieren, haben Gefühle, Geschichten, sie kommunizieren untereinander – sie sind ganz einfach sehr viel komplexer und unberechenbarer als Maschinen! Deshalb funktionieren sie auch nicht nach einfachen linearen Ursache-Wirkungs-Ketten. Und so hält langsam ein neues Denken Einzug, das systemische Denken. »Systemisch« (»System«, griech.: Gebilde, Gesamtheit) ist in den letzten zwei Jahrzehnten zu einem neuen Modewort geworden. Die Systemtheorie beschäftigt sich seit rund 50 Jahren mit der Entstehung, Dynamik und Entwicklung komplexer Systeme. Was hat systemisches Denken nun mit Pferden zu tun?

SEHR VIEL. Veranschaulichen lässt es sich mit folgendem Beispiel: Wer sich in ein Auto (das ist schon an und für sich ein sehr komplexes System!) setzt, kann mit sehr hoher Wahrscheinlichkeit davon ausgehen, dass der Wagen anspringt, sobald der Zündschlüssel umgedreht wird. Und jeder Autofahrer lernt irgendwann in der Fahrschule, dass er im ersten Gang anfährt. Immer. Und wer bremsen will, wird das Bremspedal drücken. Dann bremst

Umgebungsfaktoren , Gefühle, Geschichte: gegenseitige Wechselwirkung

der Wagen – immer. Und diese Logik ist bei allen Autos gleich. Jedes Auto auf der Welt wird, falls es nicht kaputt ist, immer in der gleichen Art und Weise reagieren, wie es konstruiert ist: vorhersehbar, berechenbar und kontrollierbar. Wer sich dagegen auf ein Pferd setzt, kann ebenfalls davon ausgehen, dass das Pferd sich in Bewegung setzt, sobald er die entsprechenden Hilfen gibt, doch hier gibt es schon einen kleinen, aber wesentlichen Unterschied:
Jedes Pferd wird immer einen unberechenbaren, unvorhersehbaren Faktor mitbringen: Denn es ist ein Lebewesen! Und so hängt es vom Temperament, dem Alter, der Tagesform, der Laune, den Erfahrungen, dem Ausbildungsstand, der Erziehung, der Reitweise, in der es geritten wird – und letztlich natürlich auch vom Reiter, seinem Temperament, seinem Alter, seiner Tagesform und Laune, seinem Ausbildungsstand, seinen Erfahrungen, seiner Erziehung und Reitweise ab, wie dieser eine Reiter und dieses eine Pferd an diesem einen Tag miteinander auskommen, was ihnen gelingen wird – und was nicht. Darüber hinaus spielt in diesem »Reiter-Pferd-System« auch ihre Beziehung unter-

einander eine wesentliche Rolle! Noch gar nicht berücksichtigt sind dabei die Umgebung, das Wetter, die anderen Pferde, die anderen Menschen, alles, was sie umgibt, hat ebenfalls Einfluss auf die beiden. Und all diese Einflussfaktoren machen die Sache zwischen Mensch und Pferd um ein Vielfaches komplexer als die Fahrt mit einem Auto! Denn es könnten sich auch noch zusätzliche Wechselwirkungen zwischen verschiedenen Faktoren und der Umgebung ergeben. Ein plötzlicher Wetterumschwung – oder das Hinzukommen eines anderen Pferdes – hat Auswirkungen auf andere Faktoren: Das Pferd wird unruhiger, der Reiter verspürt Angst, diese Angst wiederum wirkt auf das Pferd zurück, das noch schreckhafter wird, usw.. Jede Ursache hat also viele Wirkungen und jede Wirkung wiederum kann viele Ursachen haben!

DIE EINZELNEN FAKTOREN sind mehrdimensional miteinander verflochten, die Wirkungszusammenhänge werden undurchschaubar, unberechenbar und unvorhersehbar.
Und je mehr Einfluss-Faktoren einwirken, desto größer wird die Komplexität und Eigendynamik!
Genau hier sitzt die größte Herausforderung im Umgang mit Pferden: Wie kann etwas gesteuert werden, was streng genommen gar nicht steuerbar ist?
Dabei wird deutlich, dass die immer noch vorherrschende Rationalität unser Denken nach wie vor enorm prägt.

IN WIE VIELEN REITSCHULEN herrscht auch heute noch das Prinzip »Kontrolle«? Wie oft sprechen wir Pferden und auch Menschen Eigenschaften zu, in denen wir die (alleinige) Ursache für bestimmte Wirkungen (oder Probleme) sehen? Damit sind wir mittendrin im linearen Ursache-Wirkungs-Denken! Anstelle dessen wäre das neue Denken daran interessiert, die Wirkungsverläufe zwischen den Komponenten, bestimmte Muster oder Rückkoppelungskreise, und damit eine gewisse Ordnung zu erkennen. Dabei müssen nicht alle Zusammenhänge detailliert bekannt sein. Es geht vielmehr darum, an einer geeigneten Stelle des Systems gezielt anzusetzen, um Auswirkungen auf das Gesamtsystem zu erzielen. Dabei wird nicht versucht, einen »Schuldigen« bzw. die Ursache eines Problems herauszufinden, sondern zu erkennen, welche Faktoren ein Problem eher verstärken – und welche eher zu einer möglichen Lösung beitragen.

Ein Beispiel aus der Pferdewelt: Baseem kam als bissiges Pferd zu uns in den Stall. Wer nach »altem Denken« vorgeht, würde die Ursache(n) suchen, im Beißen ein Problem sehen und alle vor dem schwierigen Pferd warnen. Die Aufmerksamkeit der Reitschüler würde sich damit auf das Problem und das »schwierige Pferd« fokussieren – und jedes Mal, wenn er gebissen hätte, hätten es alle gewusst: Baseem ist ein Beißer – Vorsicht! Ein schwieriges Pferd! Je mehr alle erwartet hätten, dass er beißt, desto mehr hätte sich das Problem verstärkt. Welche Chancen hätte Baseem gehabt, sich jemals wirklich zu ändern?

SYSTEMISCH GEDACHT geht es darum, zu erkennen, welche Wirkungsmechanismen das negative Verhalten fördern – und was man tun könnte bzw. müsste, um das positive Verhalten zu fördern. Wir legten unsere Aufmerksamkeit nicht auf das Beißen, sondern fokussierten die Lösung. Wir beobachteten ihn genau – und ließen alles sein, was ihn irgendwie in sein altes Beißmuster brachte und ihn an alte Situationen erinnern hätte können. Den Reitschülern wurde gar nicht erzählt, dass Baaseem beißt. Die einzige Information war, dass es ein Pferd mit schlechten Erfahrungen im Umgang mit Menschen sei (mit eigener Geschichte). Doch einige Punkte waren strikt zu beachten: Wer sich ihm nähert, soll nur ganz bewusst in Kontakt mit ihm gehen und den Kopf aussparen. Niemals einfach an ihm vorbeigehen und dabei ganz »zufällig« streicheln. Beim Putzen soll das Pferd nach vorne schauen. Dreht er sich zum Menschen um, und ist dabei nett, behält man sein Augen- und Ohrenspiel im Blick und gibt durch Lob positive Verstärkung. Wird er unruhig oder man selbst verspürt Unsicherheiten, schiebt man ihn an der Backe wieder nach vorne. Niemals sollte er aus der Hand gefüttert werden.
Durch die Fokussierung der Menschen auf diese Handlungsanweisungen und viele neue positive Erfahrungen »vergaß« Baseem mehr und mehr sein altes Muster.

DAS BEISSEN selbst belegten wir zusätzlich ganz gezielt durch Umlenkung positiv. Das heißt, wir haben ihn in einen Ring beißen lassen und das positiv verstärkt, bis er den Ring vom Boden aufhob und ihn wie ein apportierender Hund brachte. Auch für ein freiwilliges »in die Trense beißen« gab es großes Lob.

So wurde das Problem in eine Lösung transformiert. Durch Fokussierung unser aller Aufmerksamkeit auf die Lösungen, Ressourcen und förderlichen Wirkungsmechanismen anstatt auf das Problem, war das Problem irgendwann »weg«.

ES KOMMT ALSO weniger auf die Tatsachen an sich an, als auf die Art und Weise der Beobachtung (und Bewertung) dieser Tatsachen! Und: Je nachdem, was wie beobachtet wird, verändern sich auch die sozialen Strukturen! Nicht die Eigenschaften des Pferdes oder des Menschen sind entscheidend, sondern die Wechselwirkungen untereinander, sowie die Resultate! Und: Es ist nicht nur wichtig, auf das zu achten, was getan werden muss, sondern auch auf das, was unterlassen werden muss!
Um gewünschte Wirkungen zu erzielen, sollten wir manchmal anstatt »mehr desselben, dafür mit erhöhtem Kraftaufwand« lieber nach völlig neuen Ideen Ausschau halten, die vielleicht sogar mit weniger Kraftaufwand ein besseres Ergebnis erzielen. Das nennt man dann »kybernetisch« (bedeutet die Minimierung des eigenen Kraftaufwandes)! Dabei geht es nicht um direktives Steuern und Kontrollieren, sondern vielmehr darum, sinnvolle Impulse zur Entwicklung zu geben.

DAS FOKUSSIEREN der Aufmerksamkeit gilt als ein zentrales Steuerungsinstrument. Fokussieren wir uns auf die Erfolge, anstatt auf Misserfolge, auf Ressourcen, statt auf das, was (vermeintlich immer noch) fehlt! Und vergessen Sie nie: Es gibt von jedem Problem immer auch mal Ausnahmen. Die sind ganz besonders interessant. Machen Sie sich auf die Suche nach diesen Ausnahmen und stärken Sie sie!

WER SICH FÜR DAS systemische Denken interessiert, dem kann das Pferd als Bindeglied zwischen dem alten und neuen Denken und als Lernfeld dienen. Es konfrontiert uns jederzeit mit Unkontrollierbarkeit und Lebendigkeit und spiegelt gleichzeitig unser Verhalten sofort wieder. Durch diese Rückkopplungen kann die systemische Steuerungskompetenz immer wieder auf den Prüfstand gestellt werden! Denn wir bekommen sofort sichtbare Ergebnisse. Durch die Gegenwartsbezogenheit werden Veränderungen sehr schnell sichtbar.

Wer mit diesem neuem Denken an Pferde herangeht, übt sich leibhaftig in der Kybernetik (**griech. kybernetes,** der Steuermann), also der Kunst, vorhandene Kräfte durch geringfügige Steuerimpulse selbstregulierend zu nutzen.
(nach F. Vester)

Rationales Ursache-Wirkungs-Denken	**Systemisch – ganzheitliches Denken**
mechanistisch – rational	*systemisch – evolutionär*
vorhersehbar, determiniert	*nicht vorhersehbar*
statisch	*zirkulär, rückbezüglich*
unabhängig von der Vergangenheit	*rückbezüglich zur Vergangenheit*
Planbarkeit und Kontrolle (Wenn ich x tue, passiert y)	*Offenheit und Vertrauen (wenn ich x tue, passiert vielleicht y, aber auch z, a und t)*
grundsätzlich immer richtig-falsch (»perfektionistisch«)	*in diesem Fall hier und jetzt für mich und dich das Beste*
»man muss..., um...«	*»Ich tue/lasse bewusst, um...«*
ein »richtiges« Rezept, das immer wirkt	*stimmig (für diesen Moment und in diesem Zusammenhang)*
»Alles bleibt wie es ist, außer jemand sorgt dafür, dass es verändert wird...« (Simon, 1990)	*»Alles verändert sich, außer es sorgt jemand/etwas dafür, dass es so bleibt, wie es ist« (Simon, 1990)*

Für Nicht-Reiter

Öffnen

Öffnen des Brustbeins

Sich der Welt zu öffnen, sich weit zu machen und die Arme auszustrecken. Diese Haltung symbolisiert wie kaum eine andere eine positive Grundeinstellung. Bei allem, was Sie tun oder beginnen, ist die positive Grundeinstellung Voraussetzung für das Gelingen. Deshalb kann man diese Übung gar nicht oft genug üben, um sich über den Körper immer mal wieder an diesen Zustand zu erinnern: Sich zu öffnen. Gerade dann, wenn Sie sich geärgert haben, sich am liebsten zurückziehen und ganz klein machen würden, hilft diese Bewegung, sich an seine eigene Würde zurückzuerinnern.

Praxis

SETZEN ODER STELLEN Sie sich aufrecht hin. Schließen sie die Augen. Lenken Sie Ihre Aufmerksamkeit in Ihre Körpermitte, dort, wo Sie Ihre »innere Mitte« gerade ausmachen – und spüren Sie nach, wie Sie sich dort gerade anfühlen. Legen Sie Ihre Hände auf die Schultern und stellen Sie sich vor, es klebe rechts und links ein imaginärer Kaugummi auf Ihren Schultern, den Sie mit den Fingern versuchen, lang zu ziehen. Dieser Kaugummi klebt jedoch so fest, dass es kaum möglich ist. Sie ziehen und ziehen. Doch irgendwann lösen sich die Kaugummis ganz von alleine von Ihren Schultern. Ihre Ellbogen und Arme gleiten seitlich hinunter. Was ist passiert? Merken Sie einen Unterschied zu vorher? Bleiben Sie noch eine Weile in dieser Haltung, offen, aufrecht und seien Sie neugierig, was dieser Tag Ihnen heute schenken wird.

Für Reiter

Geben Sie auch Ihrem Pferd Möglichkeiten sich zu öffnen!

Ausprobieren

Die Gertenübung

Mit der Gerte assoziieren viele Begriffe wie Schlaginstrument, oder gar Züchtigungsmittel. Oft wird sie deswegen auch recht ungern benutzt. Auch viele Pferde haben schon schlechte Erfahrungen mit Gerten (oder vielmehr mit den Menschen, die sie schlugen) gemacht.

Eine simple Übung mit großer Wirkung!

WER EIN ÄNGSTLICHES Pferd vor diesen schlechten Erfahrungen bewahren möchte und sie deshalb nie mehr benutzt, nimmt sich ein wichtiges Hilfsmittel – und dem Pferd die Chance, eine neue, positive Erfahrung zu machen. Je nachdem, als was die Gerte angesehen wird und wie sie benutzt wird, kann sie von einem Schlagstock und Züchtigungsmittel zu einem verlängerten Arm und Belohnungsmittel werden. Für diese zweite Variante können Sie folgendes ausprobieren: Lassen Sie diese Übung übrigens erst an sich machen, damit Sie nachvollziehen können, was Ihr Pferd spürt! Nehmen Sie eine mindestens 1,20 m lange Gerte und streichen Sie damit Ihr Pferd liebevoll und achtsam über den ganzen Körper ab. Falls es zu viel Angst hat, machen Sie nicht einen der beiden Kardinalfehler: Es entweder dazu zu zwingen (damit erneuern Sie das Trauma) oder es so vorsichtig und unsicher durchzuführen, dass das Pferd sich gar nicht entspannen kann, weil es dauernd darauf wartet, Ihre Unsicherheit bestätigt zu bekommen. Nehmen Sie sich erst den Stellen an, an denen es sich gerne und leicht berühren lässt, und dann erst wagen Sie sich langsam an die schwierigeren Stellen. Machen Sie ihm dadurch seinen ganzen Köper bewusst. Die Art und Weise, wie Sie mit der Gerte über den Körper streichen, ob fest, leicht, schnell, langsam, hart oder weich, mit welchen Gedanken sie das tun, bestimmt den Wohlfühlfaktor für das Pferd.

Das Pferd bekommt die Gelegenheit Ungewohntes und Neues kennen zu lernen.

ES GIBT NATÜRLICH noch sehr viel mehr Möglichkeiten, Ihr Pferd für neue Dinge zu öffnen! Lassen Sie es unbekannte Dinge anschauen. Es muss weder schnell dran vorbei, noch muss es die Situation meiden. Bringen Sie auch immer mal wieder etwas Unbekanntes in den Stall mit, mit dem Sie es berühren, mit dem Sie die Box schmücken. Lassen Sie sich etwas einfallen! Je mehr Humor Sie selbst hineinlegen, desto leichter wird die Situation sich entspannen!

HAT IHR PFERD sehr viel Angst, dann schnauben doch einfach Sie selbst beruhigend ab. Ganz so, wie eine Leitstute der Herde signalisieren würde, dass an diesem Platz keine Gefahr droht. Das gemeinsame Atmen wird Ihnen und Ihrem Pferd gut tun und die Situation entspannen. Zusätzlich berühren Sie seinen ganzen Körper, vor allem die Hinterhand und die Hinterbeine. Der ganze Körper sollte Entspannung wahrnehmen, die als Information dem Gehirn signalisiert » es ist nichts los, ich kann mich beruhigt mit der neuen Situation vertraut machen«. Dadurch können neue Verbindungen zwischen den Gehirnzellen entstehen, die neue Erfahrung wird abgespeichert. Lassen Sie sich immer Zeit. »Besserwisser« sollten keine Chance bei Ihnen haben, Sie zu hetzen oder von Ihrem Plan abzubringen. Auch ist es kein Beinbruch, wenn nicht immer alles sofort gelingt. Das, was heute nur ein Schritt in die richtige Richtung war, dem wird morgen ein zweiter folgen. Und wird das Vertrauen nicht gebrochen, lernen Pferde meist sehr schnell! Vielleicht haben Sie sogar mehr Angst als das Pferd? Ertappt?

Aus der Praxis

Pferde spiegeln die momentane Verfassung der Teilnehmer, ohne Worte, ohne Kommentare, die reine Essenz des eigenen Verhaltens. Unausweichlich stehst du da, im Angesicht der eigenen Fähigkeiten oder Unfähigkeiten ... no escape ... Fluchtmöglichkeiten lediglich in die Rechtfertigung. Das Gefühl der eigenen Situation bleibt ... Etwas Mut und du überwindest Grenzen.
Zwei Trainerinnen, Jutta und Nicole, geben erste Instruktionen im Reiterstüberl: Herdentiere mit beschränktem Blickwinkel, augenbedingt. Achtet auf den Standort, Respekt, eigenes Gebiet, etc.
Erster Kontakt, Strukturen erkennen: Wer ist der Chef, wer Stellvertreter, wie gruppiert sich der Rest. Die Dominanz der Führung, stilles Einverständnis bahnt sich den Weg, in jedem Augenblick Klarheit verbreitend: Leadership mit Namen Drolly 16 Jahre, Stute aus Norwegen. Die Verantwortung fürs Ganze erscheint in Dominanz.

Und jedem Anfang ...

Und jedem Anfang wohnt ein Zauber inne.

Der uns beschützt und der uns hilft, zu leben.

Hermann Hesse

DIE ERSTE BEGEGNUNG. Ein Anfang. Der Beginn. Neues. Ein gewisser Zauber liegt in allem, was gerade neu entsteht, gemäß dem Zitat von Hermann Hesse, dessen Worte wir für die Überschrift dieses Kapitels gewählt haben.

Die erste Begegnung und der Umgang mit Neuem

JEDER ANFANG BIRGT in sich die Chance, dass etwas Neues entstehen kann. Jede Begegnung hat einen Anfang. Jedes Mal kann wieder neu sein. Wenn wir den Moment der Begegnung (zwischen Menschen oder mit Pferden) als einzigartige Chance begreifen, sich und den anderen immer wieder neu wahrzunehmen, kann das zu großen Überraschungen führen. Dann sind wir voller Neugier und Aufregung, gemischt vielleicht mit einem mulmigen, gespannten Gefühl, Achtsamkeit und großer Aufmerksamkeit auf das, was da kommen mag.

Der erste Kontakt...

VERSETZEN WIR UNS mental auf eine Pferdeweide, die ein Mensch betritt: Die Pferde grasen und sind am Menschen wenig interessiert. Sie würdigen ihn nicht mal eines Blickes. Wie reagiert der Mensch? So mancher Besucher wird vielleicht denken, die Tiere wollen gar keinen Kontakt mit ihm haben. Eventuell wird er die Pferde sogar als »blöde, langweilige Tiere« einschätzen. Wenn er ihnen etwas wohlgesonnener ist, dann freut er sich vielleicht, dass sie ihn etwas näher an sich heranlassen. Doch da wenig Resonanz von Seiten der Pferde zurückkommt – und ein so einseitiger Kontakt wenig befriedigend ist, wendet sich der Mensch schließlich ebenfalls ab. Vom anfangs beschriebenen »Zauber des Neuen« war wenig zu merken!
Ganz anders verlaufen könnte die gleiche Situation, wenn der Mensch eine andere, achtsame und würdevolle Art der Begegnung anbietet. Als Chance, aus

Annäherung durch vorsichtiges Hinspüren

Beide gehen erste Schritte aufeinander zu.

Jetzt begegnen sie einander!

diesem Moment einen Anfang zu machen: Noch vor dem Tor bewusst die Menschenwelt wahrnehmend wird der Durchgang zu einem Tor in eine andere Welt. Der Mensch lässt die »alte Welt« hinter sich – betritt ganz bewusst die Pferdewelt und das Tor schließt sich hinter ihm.
Wer sich dann erlaubt, die ganze Situation so wahrzunehmen wie ein staunendes Kind, dem wird sich eine neue Qualität des Augenblicks eröffnen: Es wird ganz still und in dieser Stille entsteht der erste zarte Kontakt voller Achtsamkeit und Respekt. Die Pferde werden ihre Köpfe heben, was vorher noch so wichtig war (das Grasen), wird unterbrochen und die Aufmerksamkeit zum Menschen gelenkt. Jetzt ist es an ihm zu spüren, wie intensiv der Mensch mit einem einzelnen Pferd oder mit der ganzen Herde in Kontakt gehen möchte und kann. Dies sehr vorsichtig ertastend werden die Pferde lauschend sich dem Menschen zuwenden und sich ebenfalls nähern. Der Abstand zueinander verkleinert sich. Mal nähert sich das Pferd einen Schritt, mal der Mensch, mal nähern beide sich. Zuerst vielleicht zögerlich und langsam abwartend, dann plötzlich schnell und klar. Umso dichter sie sich kommen, umso langsamer werden wieder die letzten Schritte. Der Abstand zueinander beträgt nur noch Zentimeter. Die Hand streckt sich zur Nüster des Pferdes und das Pferd streckt seinen Hals zur Hand hin. Die Brücke ist geschlagen. Ein Strahlen erleuchtet das Gesicht des Menschen.

KINDER HABEN die Neugier, die Offenheit und Naivität, die Dinge der Welt auf sich zukommen zu lassen, etwas anzuschauen, zu begreifen und zu staunen. Das »Leuchten in den Kinderaugen«! Leider haben wir im Zuge des Erwachsenwerdens diese ganz besondere Qualität langsam immer mehr verloren. Vielleicht zeigt sie sich noch in Momenten des Sich-Verliebens, auf Reisen oder in manch anderen faszinierenden Momenten (mit Pferden?). Doch der Alltag birgt für die wenigsten Menschen noch die Faszination des ersten Augenblicks. Es ist doch alles bekannt... Ist es das wirklich?

VIELLEICHT GÖNNEN Sie sich ja immer mal wieder den kostenlosen Luxus, die Lebewesen um sich herum mit den Augen eines Kindes zu betrachten – und vielleicht können Sie sich anstecken lassen vom Staunen und der Freude. Das sind Momente von Lebendigkeit und einem Gefühl von Dankbarkeit, das Leben intensiv zu spüren.

Sicher wissen Sie, wie entscheidend der erste Eindruck dafür ist, ob wir einen Menschen sympathisch finden oder nicht. Souverän oder nicht. Ängstlich oder nicht. Überheblich oder nicht. Schon nach den ersten 2 Minuten haben wir einen Fremden in eine »Schublade« gesteckt.

Denn auch, wenn wir es nicht gerne wahrhaben wollen: Jeder von uns trägt ziemlich viele Vorurteile mit sich herum: Jeder Fremde und jede neue Situation werden von unserem Gehirn automatisch mit den Menschen und Situationen aus unserer Vergangenheit verglichen – und beurteilt! Und die Erfahrungen von damals färben den Blick auf das, was wir jetzt sehen. Erinnert uns der andere an einen Lehrer, bei dem wir nur schlechte Noten hatten, wird es dieser Mensch nicht leicht haben, unsere Sympathie zu gewinnen! Erinnert der andere uns an eine wundervolle Situation aus unserem Leben, sieht das schon wieder anders aus! Haben wir mit Pferden gute Erfahrungen gemacht, erwarten wir nichts anderes. Haben wir schlechte Erfahrungen gemacht, gehen wir davon aus, dass sie diesmal ebenfalls schlecht sein könnten!

Mensch und Tier stehen einander gegenüber.

Ist der Mensch, das Pferd, erst mal in dieser Schublade einsortiert, hat er es nur schwer, wieder herauszukommen! Manchmal trügt uns der erste Eindruck nicht – doch manchmal ist er definitiv auch falsch, da sich bei näherem Hinschauen oder Zusammensein noch ganz andere Seiten zeigen!

Mit Pferden verhält es sich ganz genauso!

Aus der Praxis

Ich habe Drolly vom ersten Augenblick an unterschätzt. Sie mit ihrem Schaukelpferd-Outfit hat mich einerseits sofort angesprochen, andererseits erschien sie mir auch als einfachster Partner. Denkste, das Tier hat mir gezeigt, wie oberflächlich ich oft auf den ersten Blick urteile, wenn ich wie an diesem Tag nicht richtig bei mir bin.

Für Nicht-Reiter

Ausprobieren

Praxis

Ich gehe durch die Welt

Die folgende Übung veranschaulicht Ihnen sehr anschaulich Ihre (innere und äußere) Haltung, wie Sie sich und der Welt begegnen. Bei jedem wird diese Übung anders sein. Lassen Sie sich überraschen!

1. SCHRITT: Schaffen Sie sich einen begrenzten Ort (kleine Koppel, Zimmer, Waldlichtung) und gehen Sie einfach in gewohnter Weise umher. Nehmen Sie wahr, wie es sich anfühlt. Wie Ihre Füße auf dem Boden aufsetzen, wie Ihr Becken sich bewegt. Wie ist ihre Atmung? Was machen ihre Gefühle und Gedanken? Halten Sie an. Schließen Sie Ihre Augen und spüren einen Moment nach, wie es Ihnen ging.

2. SCHRITT: Gehen Sie wieder los und sagen sich innerlich den Satz: »Ich gehe durch die Welt« Beobachten Sie dabei Ihr Gehen! Werden Sie langsamer oder schneller, wie atmen Sie?
Halten Sie wieder inne und schließen erneut die Augen. Was hat sich im Vergleich zu Schritt 1 verändert? Nehmen Sie sich Zeit, dem nachzuspüren.

3. SCHRITT: Jetzt gehen Sie noch einmal los und sprechen den Satz: » Die Welt kommt auf mich zu«. Nehmen Sie auch hier wieder Ihre Art zu gehen, Ihr Gefühl, sowie Ihre Gedanken wahr. Halten Sie nach ein paar Minuten wieder an und schließen Sie die Augen. Spüren Sie nach, was hat sich in Ihrem Gehen verändert bei diesem Satz?

4. SCHRITT: Nehmen Sie einen tiefen Atemzug und lösen Sie sich noch mal von Ihrem Platz. Gehen Sie ein letztes Mal los und sagen Sie nun vor sich hin: »Ich gehe durch die Welt und die Welt geht auf mich zu«. Wie gehen Sie jetzt im Vergleich zu den Schritten 1–3? Halten Sie wieder an, schließen Sie nochmals Ihre Augen und spüren nochmals in die Auswirkungen dieses Satzes hinein. Gerne können Sie auch noch einige Male mit den verschiedenen Aussagen spielen. Was haben Sie festgestellt? Jeder Gedanke verändert Ihre Art, sich zu bewegen und ist mit einem Gefühl und einer Einstellung gekoppelt.

WENN SIE DIESE Übung mit mehreren Menschen zusammen durchführen, werden Sie feststellen, dass jeder ein ganz unterschiedliches Erleben hat. Ist es dem einen wohler, auf die Welt zuzugehen, fühlt sich der andere bei »Die Welt kommt auf mich zu« besser. Manch einer bevorzugt beide Sätze zusammen. Und selbst wenn Sie gar keine Unterschiede bemerkt haben, ist das richtig! Es war Ihre Wahrnehmung, das Sie nichts wahrgenommen haben. Vielleicht konnten Sie sich nicht so gut einlassen, vielleicht, vielleicht, vielleicht... Wichtig ist nur, dass wir uns ab und zu bewusst machen, dass wir unseren eigenen Lebensfilm kreieren. Und dass wir dabei von vielen Faktoren beeinflusst werden, die wir aber bewusst verändern können, wenn wir sie erkennen und verändern wollen. Es kommt dabei doch »nur« auf den Handlungsspielraum an.

Gehe niemals in ein Haus, ohne ein Geschenk mitzubringen. Ein Gebet, gute Gedanken oder eine einzelne Blume reichen aus.
Adelheid Fiegler

Für Reiter

Ausprobieren

Begegnungen

Probieren Sie folgende Situationen mit Pferden aus. Achten Sie darauf, wie es Ihnen und den Pferden geht, und wann sich etwas verändert. Zum Beispiel mit Ihrer Atmung (und der der Pferde), Ihren Gedanken, dem Kontakt zum Boden, der Körperhaltung, Körperspannung, Gestik, Mimik und Ihren Gefühlen. Beobachten Sie das Außen und das Innen. Gibt es Situationen, Gefühle oder Erlebnisse, die Sie aus Ihrem Alltag kennen? Und könnte aus der einen oder anderen Parallele ein bestimmtes »Muster« abgeleitet werden, wie Sie »Anfänge« gestalten?

Begegnung einer »Menschenherde« mit einem Pferd

Das ist eine Situation, die sich manches Mal sogar von alleine ergibt, wenn zum Beispiel ein neues Pferd in den Stall kommt und viele interessierte Menschen sich als Zuschauer dazu gesellen. Wie haben Sie bis jetzt solche neuen Begegnungen erlebt?
Probieren Sie folgendes Experiment aus: Laden Sie eine Gruppe von Menschen (Freunde, Bekannte oder auch als Reitlehrer eine Gruppe von Schülern) dazu ein, mit Ihnen zusammen einem einzelnen Pferd ganz bewusst zu begegnen.

DIE AUFGABE für alle lautet: wir begegnen einem Pferd. Wichtig: Es geht weniger darum, dass Sie dem Pferd begegnen, als darum, sensibel zu werden, wie diese Begegnung sich gestaltet: Wie dringt die Menschenherde in den Lebensraum des einen Pferdes ein? Nimmt jeder Mensch aus der Gruppe einzeln Kontakt auf? Wie reagiert das Pferd? Was ist das Ziel? Soll das Pferd mit in die »Menschenherde« aufgenommen werden? Möchten die Menschen einfach nur signalisieren, dass Sie keine Gefahr darstellen? Wie gehen die Menschen mit Unsicherheiten beim Pferd um? In dieser Begegnung sieht man das Pferd mit hoch erhobenem Kopf, die Ohren sind seitlich geneigt. Es scheint noch etwas unsicher, ob es lieber gehen oder bleiben soll. Viele Menschen geballt in einer Gruppe können ein Pferd verunsichern. Was wäre hier der nächste Impuls? Ein Mensch könnte zum Beispiel den Kontakt zum Pferd herstellen, die »Menschenherde« sich mit Abstand hinter diesen Menschen begeben. Hat das Pferd Kontakt und erstes Vertrauen zugelassen, sollte sich die »Menschenherde« Zeit nehmen, um abzuwarten. Das Pferd würde neugierig werden und braucht Raum, um sich sicher zu fühlen. Dann können die einzelnen Menschen genau nachspüren, inwieweit jeder Einzelne an das Pferd herankommt. Vielleicht ist es auch nur gut sich zu sehen!

Eine Menschengruppe begegnet einem Pferd.

Begegnung eines Menschen mit einer Pferdeherde

Bevor Sie mit einer Pferdeherde – sei es in einem Laufstall, auf einer Koppel oder bei freilaufenden Pferden in einer Halle – Kontakt aufnehmen, machen Sie sich folgendes bewusst: Denken Sie noch einmal an Ihre eigene Welt, aus der Sie jetzt gerade kommen, und nehmen Sie wahr, wie es Ihnen jetzt an diesem Ort gerade geht. Betreten Sie erst dann mit diesem Bewusstsein den Stall, die Koppel oder die Halle mit der Idee, diesen Durchgang als Tor in eine andere Welt zu durchschreiten. Lassen Sie Ihre eigene Menschenwelt draußen und lassen Sie sich berühren von der Stimmung, die Sie jetzt umgibt. Achten Sie auf die Geräusche und viel mehr noch auf die Stille. Selbst langjährige Pferdebesitzer staunen immer wieder über diesen einen besonderen Augenblick, der einen Hauch von Magie in sich trägt. Bleiben Sie stehen! Tun Sie nichts! Warten Sie einfach darauf, bis Sie einen echten Impuls zum Handeln spüren. Vertrauen Sie Ihrer Intuition. Vielleicht gehen Sie auf ein Pferd zu oder die Pferde nehmen mit Ihnen Kontakt auf. Beobachten Sie genau, was passiert. Nehmen Sie die Stimmung wahr, mit welcher Neugier, mit welcher Aufgeschlossenheit oder mit welchen Reaktionen auch immer Ihnen diese Herde begegnet. Wie geht es Ihnen als Mensch in dieser Pferdeherde? Sind Sie schon ein Teil des Ganzen?

Ein einzelner Mensch begegnet einer Pferdeherde.

Begegnung zwischen einem Menschen und einem Pferd

Auch die Begegnung mit einem Pferd können Sie mit unterschiedlicher Qualität gestalten. Wie begegnen Sie Ihrem Pferd normalerweise in Ihrem Stall? Der Stall ist das Zuhause Ihres Pferdes, mit seinen Artgenossen und Freunden. Kommen Sie zu ihm nach Hause, lohnt es sich, darauf zu achten, mit welcher Aufmerksamkeit, welchen Gedanken, mit wieviel Bewusstheit und Respekt Sie Ihrem Freund, Ihrem Kameraden oder einfach nur Ihrem Pferd begegnen.

Wenn Sie Ihr Pferd von der Koppel holen, halten Sie doch einen Moment inne und verlangsamen Sie Ihr Tun. Dann eröffnet Ihnen Ihr Pferd eventuell ganz neue Seiten, die Sie noch gar nicht wahrgenommen haben. Selbst in langjährigen Pferd-Mensch-Beziehungen kann so etwas vorkommen.

Übrigens auch in einer Ehe, wo jeder glaubt, den anderen zu kennen, hält das Staunen darüber, welches Wesen da gerade vor einem sitzt oder steht, die Liebe jung!

Mensch und Pferd gehen aufeinander zu.

Begegnung einer »Menschenherde« mit einer Pferdeherde

Auch in dieser Übung durchschreiten Sie das Tor zur Pferdeherde wieder ganz bewusst. Sicherlich haben ein paar Stallkameraden Lust, bei diesem Experiment mitzumachen. Hier begegnen die Menschen den Pferden in einem gut sichtbaren Bereich. Aus Pferdesicht gibt es dadurch keine Bedrohung für die Pferde. Achten Sie darauf, wo Sie so einen Kontakt inszenieren wollen. Im Prinzip gelten die gleichen Punkte, wie wir sie in den Begegnungen zuvor beschrieben haben. Achtsamkeit, langsames Tempo, Schärfen der Sinne und die Lust am Ausprobieren machen den Gehalt dieser Übung aus! Jeder von Ihnen sollte mit verschiedenen Pferden Kontakt aufnehmen. Dadurch vermischen sich die Menschen mit der Pferdeherde. Mal stehen zwei Menschen bei einem Pferd, mal ein Pferd bei mehreren Menschen, mal alle recht dicht zusammen, um sich dann wieder zu trennen. Es kann sein, dass Sie sich schon bald als Teil der Herde aufgenommen fühlen, und Lust hätten, sich auf die Wiese zu setzen und einfach nur mit den Tieren zu sein. Dann machen Sie das doch einfach! Es gibt nichts zu tun, außer zu sein.

Wenn zwei »Herden« sich begegnen …

Erkenne dich selbst!

Jedermann nimmt die Grenzen

seines Horizonts für die Grenzen der Welt.

Arthur Schopenhauer

IMMER MEHR REITER möchten durch das Zusammensein mit den Pferden auch selbst wachsen und reifen. Persönlichkeitsentwicklung boomt. Viele Menschen wollen sich nicht mehr damit zufrieden geben, wie sie sind, sondern zu dem werden, der sie sein könnten. Wer einmal erkannt hat, dass sich die Arbeit an sich selbst lohnt, wird immer wieder über seine eigenen Grenzen

Persönlichkeitsentwicklung, Präsenz und Achtsamkeit

hinauswachsen wollen. Denn nur so können sich die in einem liegenden Potenziale entfalten. Persönlichkeit kommt vom lateinischen »personare«, was »durchtönen« bedeutet. In all unserem Tun, egal auf welcher Lebensbühne, »tönen« wir als Person immer durch. Das Schöne am Menschsein ist, dass wir Menschen uns, egal wohin wir gehen, immer selbst mitnehmen. Ob beruflich, privat, im Pferdestall: Stets sind wir selbst es, die handeln. Und hier wird es interessant: Auch wenn Sie in unterschiedlichen Lebensbereichen unterschiedliche Rollen ausfüllen, werden Ihre Erfahrungen, die sie auf anderen Lebensbühnen gesammelt haben, immer auch dort, wo Sie gerade sind, einfließen. Hier setzt Persönlichkeitsentwicklung mit Pferden an.

WER EINMAL ERLEBT hat, wie er seine Angst überwunden und Vertrauen in sich und das Pferd gefunden hat, oder aus einem kraftlosen, trostlosen Zustand gemeinsam mit dem Pferd in eine kraftvolle, zuversichtliche Haltung gekommen ist, der wird dieses Erlebnis niemals vergessen. Denn die Pferde lassen einen die unmittelbare Wirkung sofort leibhaftig spüren.
Solche Erlebnisse können dann als wertvolle Ressource in der weiteren Arbeit mit dem Pferd oder auch in ganz anderen Lebensbereichen dienen: Wenn der Zugang zu dieser inneren Ressource im entscheidenden Moment gelingt. Dann hat sich die Persönlichkeit ein kleines Stück weit entwickelt: Gleich einem Faden ist eine neue Variante der Person hervorgekommen. Die eigene innere Verfassung hat unmittelbare Auswirkung auf die Körpersprache und das Kraftfeld, das sich aufbaut: Im Kontakt mit sich selbst und mit der Umgebung.

WIE OFT SIND SIE wirklich »voll da«? Oder gibt es nicht auch immer mal wieder Zeiten, in denen Sie sich kraftlos, unmotiviert und irgendwie »nicht ganz bei sich« fühlen?
Thomas ist ersichtlich »nicht in der Kraft«: Die Schultern hängen herunter, seine Gedanken können wir zwar nicht lesen, doch die Körpersprache, der zögerliche Bodenkontakt und sein Gesichtsausdruck zeigen deutlich, dass er sich gerade wirklich nicht im Zustand seiner bestmöglichen Wirkungskraft und Standfestigkeit befindet. Wer in diesem Zustand mit (s)einem Pferd frei arbeitet, wird die unmittelbare Reaktion bald erfahren: Das Pferd schlurft uninteressiert dahin.
Hier gilt es, innezuhalten. Was wir zu oft tun, wenn etwas nicht funktioniert: Wir machen mehr desselben!

Kraftlosigkeit überträgt sich auf die Bewegung.

UM DIE CHANCE zu ergreifen, wirklich etwas anderes zu tun, müssen wir zu allererst anhalten! Um uns dessen bewusst zu werden, was wir gerade (unbewusst) tun! Doch gerade wenn wir uns unter (selbst gemachtem) Zeit- oder Leistungsdruck befinden, tendieren wir Menschen dazu, uns keine Zeit zu lassen, um anzuhalten. Um durchzuatmen. Denn wir haben ja etwas zu tun, ein Ziel zu erreichen, etwas Wichtiges, das jetzt keine Unterbrechungen duldet, denn es muss ja erfolgreich »abgearbeitet« werden. Kommt Ihnen das bekannt vor?

> Wenn wir immer tun, was wir immer getan haben, werden wir immer bekommen, was wir immer bekommen haben.
> *Paul Watzlawick*

Die einmalige Chance des Anhaltens ist: Wir können uns Zeit nehmen, um in Resonanz zu gehen mit uns selbst, unserer Atmung, und wahrzunehmen, was in diesem gerade stattfindenden Moment gerade ist. In uns und um uns herum. Nicht mehr und nicht weniger. Stattdessen denken viele daran, wie es sein sollte, und ärgern sich, dass es nicht so ist, wie es eben sollte. (... und der blöde Gaul nicht das macht, was man gerade von ihm will). Was dadurch passiert: Wir verlieren immer mehr die ganz besondere Kraft, die aus der Präsenz, dem »Im Hier und Jetzt-Sein« entsteht. Doch die haben wir nie, wenn wir uns gedanklich in der Vergangenheit aufhalten (»Was hätte ich vorher tun sollen«) oder in der Zukunft (»Nachher muss ich noch«) – oder in der Idealwelt (»Eigentlich müsste doch...«) und dabei die Gegenwart aus den Augen verlieren. Die große Kunst besteht darin, die Welt, sich selbst, das Pferd, das Wetter, die Umgebung, die Menschen um einen herum, alles was gerade da ist, so wahrzunehmen, wie es gerade ist! Das klingt so leicht und ist gleichzeitig doch so schwer. Den Pferden gelingt das ständig. Sie leben in der Gegenwart.

DAS MACHT SIE zu so einzigartigen Lehrern. Jeden Augenblick, immer wieder neu: Den Menschen dazu einladend jede Geste in vollkommener Präsenz von innerem und äußerem Erleben achtsam auszuführen.

IN UNSEREM FALL, bei dem es sich um ein Einzel-Coaching handelte, haben wir Thomas »angehalten«. Aus dem »Tun müssen« konnte er sich in diesem geschützten Rahmen erlauben, nichts weiter zu tun, als auf sich selbst zu konzentrieren: Die Gedanken, die Gefühle, die Atmung, die Körperwahrnehmung (Bodenkontakt der Füße, die Beine, den Bauch, den Oberkörper, die Arme, Schultern, den Kopf) sowie die Umwelt. Wahrnehmen ohne zu bewerten bedeutet: Wahr nehmen: Alles, was ist, ist. Leider machen die meisten Menschen von ihrer Fähigkeit, in sich zu horchen und ihre Wahrnehmungskanäle nach außen zu aktiveren, wenig Gebrauch. Viele sind in ihren eigenen Denkgewohnheiten gefangen. Und erlauben sich viel zu selten, hinzuspüren, hinzuschauen und hinzuhören, ganz einfach von ihren Sinnen aktiv Gebrauch zu machen. Durch dieses Entschleunigen und das Aktivieren der fünf Sinne (sehen – hören – fühlen – riechen – schmecken) kommt der Mensch zu mehr Wachheit und Gewahr-Sein, was um ihn herum und in ihm ist.

WER JEDOCH IN seinen eigenen Gedankenmustern verhaftet ist oder in der Routine versinkt, verpasst die Gelegenheit, die Umwelt wahrzunehmen, und verpasst die noch viel wichtigere Gelegenheit, auf die Umwelt, das Pferd, die Menschen, die Situation adäquat einzuwirken.

Diese Achtsamkeit führt zu einer starken Verbundenheit mit sich selbst, mit der Umgebung und der Kreatur, mit der ich ja arbeiten will! Die alte Wahrheit, dass, nur wer sich selbst liebt auch andere lieben kann, trifft auch hier zu. Die Beachtung und das Wahrnehmen der eigenen Bedürfnisse sowie eine liebevolle Zuwendung zu sich selbst schafft die Voraussetzung, sich selbst erst dazu zu bringen, sich gut zu fühlen, und »in seine Kraft zu kommen« – um dann mit dieser Energie auf das Pferd einzuwirken. Das, was Thomas wahrnahm: Er war energielos – und wollte doch das Pferd im Trab um sich herum bewegen. Dass es nicht tat, was er wollte, ärgerte ihn – und nahm ihm noch mehr Energie. Wie soll da der Funke von einem energielosen Menschen auf das Pferd überspringen? Da Pferde unmittelbar auf alles reagieren, was der Mensch in dem Moment aussendet, und nicht auf das, was der Mensch »eigentlich« will, kam Thomas in einen Teufelskreis: Wille – »falsche« Reaktion des Pferdes – Ärger – noch mehr Wille – noch mehr »falsche« Reaktion des Pferdes...

Unbeschwert und losgelöst – jetzt kommt Thomas in seine Kraft.

Ist der Mensch in seiner Kraft, bewegt sich das Pferd sofort anders.

UM IHN DORT herauszuholen, probierten wir gemeinsam alle möglichen Ideen aus, um ihn zu »energetisieren«: Mentale Arbeit (s. nächstes Kapitel), Bewegung, Laufen, doch das alles nützte nichts. Auf die Ermutigung hin, dass er machen könne, was er wolle, und bei all dem auch noch Spaß haben dürfe, sprang er auf einmal hoch in die Luft, stieß einen lauten Schrei aus – und da war sie plötzlich: Die Energie!
Durch die (innere) Erlaubnis, bei all dem nicht nur Leistung zu erbringen, sondern auch Spaß haben zu können, veränderte sich das gesamte Kraftfeld.
Und das Pferd reagiert sofort auf die veränderte Haltung: Es trabt so, wie Thomas sich das vorgestellt hat. So leicht geht das!

ES LOHNT SICH, die in sich schlummernden Energien freizusetzen, um das Zusammenwirken mit den Pferden zu bereichern – mit dem Zusatznutzen: Das eigene Leben selbstbewusster, freier und erfolgreicher zu gestalten!

GUNDI HAT ZWEI Tage intensiv mit Pferden gearbeitet, voll in ihrer Kraft, präsent und einfach »da«! Sie hat das Geburtsrecht, »da« zu sein und voll und ganz empfinden zu dürfen, wieder entdeckt.
Doch bei aller Begeisterung für die Möglichkeiten der Arbeit mit Pferden: Sie werden immer wieder an Ihre Grenzen kommen. Wie Sabine, die an einer sie permanent nicht beachtenden Drolly verzweifelt. Das ist ein sehr unangenehmes Gefühl. Muss man doch zugeben, nicht weiterzukommen. Doch genau diese gute Form des Verzweifelns sollten wir wieder lernen, zulassen, und wir schlagen sogar vor, sie zu kultivieren. Denn eine gute Form des »Ver-Zweifelns« kann der Beginn für neue Erfahrungen sein! Daraus ergeben sich Möglichkeiten, andere um Hilfe zu bitten und durch das Feedback von Außenstehenden neue Ideen zu bekommen.

Links:
Ein kraftvoller Ausdruck der eigenen Person

Rechts:
Zulassen des eigenen Nicht-Weiter-Wissens

UNSER TIPP: Lassen Sie es ruhig öfter (zumindest innerlich!) zu, wenn Sie nicht mehr weiter wissen. Und fragen Sie andere! Gemäß dem Motto: »Es gibt keine dummen Fragen, nur dumme Antworten«: Doch etwas nicht zu wissen, gilt hierzulande in manchen Ställen und Firmen als Tabu. Welch enorme Entwicklungsmöglichkeiten gäbe es durch aktiv gelebte Fehlerkultur? Ohne Fehler kein Lernen – und ohne an seine Grenzen zu kommen, gibt es keine Grenzüberschreitung. Damit wären wir beim nächsten Punkt zum Thema »Entdecke dich selbst«: Dem Überschreiten Ihrer eigenen Gewohnheitsgrenzen!

Gemeinsam geht es oft leichter!

DER MENSCH IST ein Gewohnheitstier. »Das haben wir immer schon so gemacht!« »Das macht man bei uns so.« »Dies oder jenes hat sich bewährt – deshalb bleiben wir auch dabei!«
Die Liste von Aussagen zum Thema »Gewohnheit« ließe sich beliebig erweitern. Gewohnheiten geben Sicherheit, sie bieten einen verlässlichen

Verändern von Gewohnheiten

Rahmen, einen Erfahrungsschatz, Routine und Automatismen. Aber sie sind auch allzu oft ein großer Hemmschuh, wenn es um Neues, um Innovationen, um das Ausprobieren neuer Wege und schlicht und einfach neue Erfahrungen geht! Auch Pferde sind Gewohnheitstiere. Sie schätzen einen regelmäßigen Tagesablauf, ihre Futterzeiten, das regelmäßige Kommen und sich Kümmern Ihrer Besitzer, mitsamt aller Begrüßungszeremonien, die regelmäßige Arbeit, die gleichen Wege im Gelände, aber auch ihr bekanntes Futter und die gleich bleibende Zusammensetzung ihrer Herden...

DOCH WER PFERDE zu sehr auf Gewohnheiten reduziert, der hält sie nicht flexibel – und wenn sie nicht flexibel genug sind, haben sie plötzlich bei ungewohnten Situationen sehr viel Stress. Das äußert sich dann durch häufiges Wiehern, Scharren, Kleben oder Unkonzentriertheit beim Arbeiten. Wenn Pferde zu viel in der Routine sind, können sie bei Veränderungen, zum Beispiel auf Reisen, sogar ziemlich krank werden, bekommen Koliken, wollen nicht mehr fressen und saufen... (»Bei Pferden«, so lautet ein Sprichwort, »reist die Seele noch langsamer als bei Menschen«.)
Ein langweiliges Leben ohne Abwechslung führt zur Verarmung und kann ebenfalls negativen Stress verursachen. (Denn auch Menschen kennen, wenn sie unterfordert sind!).

PFERDE UND MENSCHEN haben also in Bezug auf Gewohnheiten sehr viel gemeinsam: Beide schätzen die Sicherheit, die Verlässlichkeit, beide finden in Gewohnheiten und Alltagsritualen Orientierung. Und: Pferde und Menschen reagieren bei plötzlichen Veränderungen mit dem gleichen Muster, nämlich mit Abwehr, Rückzug und Angst! Die Angst verschiebt sich bei den Menschen mehr in Richtung Bedenken, was sich dann in Widerständen wie Rechtfertigungen, Schuldzuweisungen, Ablenkungen und Trägheit zeigt. Dennoch ist Angst immer das zugrunde liegende Thema, sobald es um echte Veränderungen im Leben geht.

Was bedeuten diese Überlegungen für den Kontakt mit Pferden? Im Spannungsfeld zwischen Gewohntem und Ungewohntem liegt die Mischung, die das Leben– für Pferde, wie für Menschen! – interessant macht! Wer seinen eigenen Horizont niemals überschreitet, wird bleiben, wer er ist , nichts Neues dazulernen und langsam verarmen. Wer seine eigenen Grenzen andauernd überschreitet, immer wieder Neues anfängt, ohne zur Ruhe zu kommen, veräußert sich. Wer es sich gerade auch im Alltag erlaubt, »den Rahmen zu sprengen«, um Ungewohntes auszuprobieren, der wird erstaunlich viel Neues erfahren und enorm dazulernen!

Aus dem Rahmen zu fallen eröffnet neue Perspektiven – und macht richtig Spaß!

VIELLEICHT KOSTET ES anfangs etwas Überwindung, sich wie diese beiden Männer zum Pferd zu machen. Doch wer die Freude der beiden sieht, erkennt, dass hier gerade etwas Wesentliches passiert: Beide lernen durch das Tun!

Kein Buch der Welt kann Ihnen eine Erfahrung abnehmen. Wirklich lernen werden Sie immer nur durch eigene Erfahrungen! Und dazu müssen Sie aus dem Gewohnten heraustreten. Dass es anfangs etwas unangenehm ist – und Ihre Umwelt Sie lieber im gewohnten Rahmen (weil überschaubar und sicher) agierend sehen würde, braucht Sie nicht weiter zu stören. Sie entscheiden, ob Sie sich auf Altbekanntes verlassen und bei dem bleiben, was Sie kennen, oder ob Sie sich auf neues, unbekanntes, vielleicht manchmal etwas verrücktes Terrain wagen. Verrückt zu sein bedeutet ja auch »weggerückt« vom Normalen. Wir meinen damit nicht die destruktive Verrücktheit , sondern eher den Mut, auch mal neue Wege zu gehen, etwas Neues auszuprobieren, zu experimentieren, Fehler zu wagen, um aus ihnen zu lernen. Je bewusster Sie Ihren eigenen Kreis der Gewohnheiten immer wieder übertreten, desto geübter sind Sie im Überwinden von Gewohnheiten, und umso leichter wird es Ihnen fallen, wenn Ihnen Veränderungen ins Haus stehen, die Sie nicht selbst gewählt haben! Der Umgang mit Veränderungen kann und sollte also trainiert werden!

Sensibilisierung der Wahrnehmung durch Separierung einzelner Sinne

Viele Male schaut der Wille durch das Fenster, ehe die Tat durch das Tor schreitet.
Erasmus von Rotterdam

WER NOCH NIE mit Pferden zu tun hatte, für den könnte es vielleicht ein sehr wesentlicher Schritt sein, sich überhaupt in einen Pferdestall zu wagen. Für jemand anderen wird es etwas völlig Neues sein, sich ohne Sattel verkehrt herum auf ein Pferd zu setzen. Wieder für jemand anderen mag die freie Bodenarbeit etwas völlig Neues sein.

EGAL, WOVON SIE sich inspirieren lassen und wofür Sie sich letztlich entscheiden: Wichtig ist, sich seiner eigenen Grenzen (und denen des Pferdes) bewusst zu werden, die Unsicherheiten und auch Ängste zuzulassen – und selbst zu bestimmen, ob und wann Sie Ihren Kreis verlassen. Dort, wo Ihre Angst ist, ist häufig auch der Wegweiser Ihrer Entwicklung! Und: Wer keine Angst hat, entwickelt keinen Mut (die Angst zu überwinden!).

Das Experiment in sicherem Rahmen schafft Handlungsspielraum und löst Blockaden.

Entwickeln Sie also Mut zu Experimenten und Fehlern! Denn ein allzu starres Festhalten an dem, was sich bisher bewährt hat, bewahrt Sie auch vor neuen Erkenntnissen und Erfahrungen! Jeder neue Schritt ist grundsätzlich begleitet von den vielen »sinnvollen (aus der Vergangenheit kommenden) Gedanken«, die das Neue lächerlich machen, in Frage stellen, den Wert der neuen Erfahrung schon im vorhinein in Abrede stellen wollen. Das sind die Formen der Abwehr, die Sie im Gewohnten verhaftet sein lässt.

Überschreiten Sie die Grenzen des Gewohnten.

Sobald Sie damit anfangen, bewusst, absichtlich und aktiv neue Dinge auszuprobieren, werden Sie Ihren Horizont erheblich erweitern.
Oder glauben Sie, Sie könnten nichts mehr Neues dazulernen?

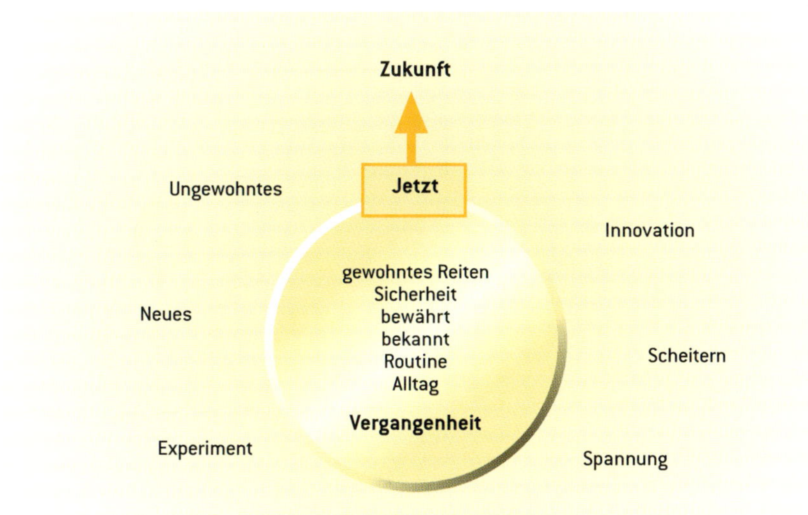

WIR BEGINNEN MIT einer kleinen Geschichte.
Stellen Sie sich vor: Die Sonne scheint, ein Reiter sattelt sein Pferd, sitzt auf und macht sich auf zu einem schönen Ausritt ins Gelände. Er ist gut gelaunt, nur eine kleine Sorge belastet ihn: Er weiß, dass sein Pferd Angst vor Traktoren hat – und hofft, dass ihnen keiner begegnen wird.

Die Kraft, die aus der Tiefe kommt

Sie reiten vom Hof, in den Wald, über die Feldwege. Alles ist wunderbar. Plötzlich hören sie schon von weitem dieses eine Geräusch: Ein Traktor! Da sie sich auf einem Weg befinden, bei dem es kein Ausweichen gibt, nähern sie sich dem ratternden, stinkenden und lauten Traktor mit zunehmender Anspannung. Sowohl Reiter als auch Pferd fangen an zu zittern. Um die Kontrolle zu behalten, greift der Reiter schon mal die Zügel nach, sagt seinem Pferd, dass es keine Angst haben muss, doch er weiß eigentlich, dass das vermutlich nichts nützt. Innerlich befürchtet er Schlimmstes. Denn schon dreimal ist ihm der blöde Gaul wegen eines Traktors (einmal auch noch genau an dieser Stelle!) durchgegangen. Das Pferd beginnt auch schon zu tänzeln. Die Zügel noch ein wenig kürzer gefasst. Das Pferd spannt sich langsam wie ein Flitzebogen an. Auf der Höhe des Traktors, bereits kurz dahinter, weiß er, dass er es diesmal geschafft und das Pferd in den Griff bekommen hat. Auch der Bauer glaubt, die Situation sei entschärft und legt den nächsten Gang ein. Ein Ruck fährt durch den Traktor – und wie ein Blitz durch Pferd und Reiter – Und so schießen unsere beiden wie ein abgeschossener Pfeil auf und davon. Wussten wir es doch. Schon wieder!

ZWAR KOMMEN SIE nach dem Schreck wohlbehalten in ihren Stall zurück, der Reiter schwört sich jedoch, in Zeiten, wo Traktoren fahren, nie mehr auszureiten. Das Pferd hat ihm den Schneid endgültig abgekauft.
Die gleiche Geschichte, diesmal etwas anders:
Die neue Reitbeteiligung sattelt zum ersten Mal dieses Pferd für das Gelände.

Sie weiß nichts von der Traktoren-Geschichte. Auch dieses Mal scheint die Sonne, die Reitbeteiligung ist gut gelaunt und freut sich auf den Ausritt. Sie reiten durch Wald und Felder, alles wunderbar. Von weitem hören sie Traktorengeräusche, das Pferd schaut auf und lauscht mit einem Ohr nach hinten. Die Reitbeteiligung pfeift ein Lied, das Pferd am langen Zügel und der Traktor nähert sich. Die Reitbeteiligung winkt dem Bauern schon von weitem zu, der in gleichmäßigem Tempo am Pferd vorbeifährt. Nachdem der Traktor an ihnen vorbei ist, traben beide locker und entspannt den Feldweg entlang. Zu Hause angekommen treffen sie auf den Pferdebesitzer, der völlig entsetzt feststellt, dass die neue Reitbeteiligung schon im Gelände war. Und das bevor er Gelegenheit hatte, sie zu warnen! Er will schon schimpfen, da fragt ihn die Reitbeteiligung, wer denn der nette Bauer sei, der das Feld am Weg hat, er habe ihr so freundlich vom Traktor aus zugewunken. Unser Reiter wird blass vor Schreck – und fragt entsetzt: »Was ist geschehen?« Das ist eine gute Frage: Was ist eigentlich geschehen? Ein Pferd, zwei Menschen – und zwei Geschichten. Unglaubwürdig sagen Sie? Da sind wir mittendrin im Thema!

Der Geist eines Wesens offenbart sich in den Augen, im Gesichtsausdruck und in allen Bewegungen und Gesten.
Khalil Gibran

GLAUBENSSÄTZE. Glaubenssätze sind Überzeugungen und Grundhaltungen, die wir aufgrund von Erfahrungen in unserem Leben gemacht oder irgendwann von anderen Menschen übernommen haben. Glauben bedeutet hier nicht Glaube an Gott oder eine andere höhere Instanz, sondern meint die ganz individuelle Art und Weise, wie der einzelne Mensch die Welt sieht. In den ersten Lebensjahren (vor allem in vorsprachlicher Zeit) werden unsere Glaubenssätze und Weltvorstellungen von unseren Eltern geprägt. Da sie ins Unbewusste rutschen, nehmen wir sie lange Zeit als Grenzen unseres Denkens mit, ohne es zu merken. Die Welt ist halt so: Zum Beispiel: »Das Leben ist hart und anstrengend« oder »Das tut man nicht« oder »Ich bin zu klein/zu dick/zu groß/zu dünn, um ...« oder »Was sollen denn die anderen denken?« etc.
Weil sie unbewusst sind, merken wir oft gar nicht, dass wir sie haben und wie sie uns behindern. Und wir können sie deshalb auch nicht in eine positivere Einstellung umwandeln. Damit machen wir wiederum auch keine positiven neuen Erfahrungen. Wir bekommen stattdessen immer wieder das, was wir kennen. Damit bestärkt und zementiert sich unser Weltbild nur noch mehr. Wie bei unserem Reiter.

WELCHEN GLAUBENSSATZ hatte wohl er? Es könnten mehrere Glaubenssätze sein, zum Beispiel: »Das schaffe ich nicht« oder »Tiere sind unberechenbar« oder »Wenn Gefahr im Verzug ist, reiß Dich zusammen!« oder natürlich »Dieses Pferd scheut vor Traktoren!«

Es ist klar, dass unsere Reitbeteiligung wohl andere Erfahrungen mit Traktoren und Pferden gemacht und damit andere Glaubenssätze entwickelt hat.

Wie sind nun die Unterschiede in den zwei Geschichten zu erklären?

Das Unterbewusstsein kann nicht unterscheiden zwischen einer realen Situation und der reinen Vorstellung. Ob Sie an etwas denken oder es real erleben: Ihr Körper reagiert!

Gut zu sehen ist dieses Phänomen an Gesichtern:

Allein das Denken an eine negative Situation hat Auswirkungen auf Mimik, Gestik, Körperhaltung.

Ebenso das Denken an eine positive Situation.

UND DAMIT SIND wir gleich beim zweiten Phänomen: Dem Unterbewusstsein ist es ebenfalls egal, ob die Situation schon Jahre zurückliegt oder gerade eben passiert. Denn einmal gemachte Erfahrungen bleiben im Gehirn dauerhaft unbewusst gespeichert. Sobald sie abgerufen und erinnert werden, reagiert der gesamte Körperausdruck und die Atmung, wie damals. Und auch die Gefühle sind wieder präsent.

Sie können das ausprobieren, indem Sie an eine Situation in Ihrem Leben denken, zu der Sie voll und ganz »Ja« gesagt haben – und dann an eine Situation, die für Sie ein definitves »Nein« war. Wenn Sie sich erlauben, sich nacheinander intensiv an diese beiden Situationen zu erinnern, werden Sie den gewaltigen Unterschied merken!

Pferden ist es ebenfalls egal, ob Sie sich an etwas aus der Vergangenheit erinnern oder an Zukünftiges denken: Für sie sind Ihre Gedanken – und damit Ihr Körperausdruck, Ihre Atmung, Ihre Gefühle – ganz real, echt und gegenwärtig. Und sie reagieren auf das, was jetzt ist. Sobald Sie auch nur an eine Gefahr denken, spürt das Pferd diese Gefahr. Aus diesem Grund schaukeln sich so manches Pferd und mancher Reiter gegenseitig in der Angstschraube hoch. Doch diese Macht der Gedanken können Sie auch im positiven Sinne nutzen! Indem Sie sich entscheiden, welche Situationen Sie gerne erzeugen würden – um sie sich dann ausführlich auszumalen. Damit eröffnen Sie sich die Möglichkeit, diese Erfahrung auch real zu erleben. Und je öfter Sie neue Erfahrungen machen werden, desto leichter können sich auch »fest zementierte« Glaubenssätze ändern!

Der Reiter kommt beim Reiten ohne Sattel durch seine Vorstellungskraft in Balance und Aufrichtung.

DIE ARBEIT MIT DEM Unbewussten kann noch weiter gehen: Es ist hinreichend bekannt, dass Spitzensportler ihre Mentalkräfte für ihren Erfolg nutzen. Auch Ihnen könnte die Kraft der inneren Bilder dabei helfen, Ihre inneren Ressourcen bei Bedarf jederzeit zu wecken.

Mentales Training auf dem Pferderücken kann zu einem neuen Körpergefühl verhelfen. Aus der inneren Kraft heraus mit Hilfe der Vorstellungskraft richtet sich der Reiter mit Leichtigkeit auf und kann diese Aufrichtung mühelos halten. Durch innere Bilder angeregt richtet sich der Körper von alleine aus und findet seine Balance. Das Ergebnis: Ein entspannter, aufgerichteter und in den Bewegungen mitschwingender Reiter. Das bietet sich gerade für Gefahrensituationen an, um sich schnell aus der Angst lösen zu können, und in einen gelasseneren Zustand zu kommen. Sobald Sie wieder an den positiven Zustand und das innere Bild dazu denken, wird alleine dadurch Ihr Körper entspannen und Sie werden anders atmen. Verstärkt werden kann dieser Mechanismus noch durch das so genannte »Ankern«: Dazu wird ein intensiv vorgestellter, positiver Zustand mit einer bestimmten Bewegung oder einer körperlichen Berührung verknüpft. So reicht es irgendwann, nur diese eine Bewegung wieder auszuführen, und das Körperbewusstsein erinnert sich von alleine an diesen positiven Zustand. So heilen wir auch Pferde mit schlechten Erfahrungen. Das kann erstaunliche Wirkungen haben!

Sie könnte eine Vision vom eigenen Reiten, dargestellt als Symbol und inneres Bild aussehen.

Den Höhepunkt dieser Arbeit bildet die mentale Visionsfindung. Eine Vision ist ein zukünftiges Traum-Szenario, in dem alle Ziele und Wünsche, Gefühle, die Sehnsucht und die eigene Berufung so ineinander fließen und sich verdichten, dass es zu einem Wegweiser des eigenen Lebens werden kann.

Wer die Vision seines eigenen Reitens gefunden hat und nicht nur an einigen guten Ideen und Vorbildern hängen bleibt, der reitet anders. In Resonanz mit sich und dem Pferd. Hinhörend. Hinschauend. Hinfühlend. Mit tiefer innerer Freude und – man möchte fast sagen – Liebe.

Wer seine Persönlichkeit entwickelt, kommt an einer Visionsfindung nicht vorbei. Zu allen Zeiten haben sich Menschen dazu Ruhe, Rückzug und besondere Hilfe geholt. Eine Visionsfindung für Sie anzuleiten, würde den Rahmen des Buches sprengen.

UND VERGESSEN SIE NICHT: Das Glück unseres Lebens hängt von derBeschaffenheit unserer Gedanken ab!

ANGST. FÜR VIELE, die mit Pferden zu tun haben, ist Angst ein Thema. Das Wort Angst fällt auch oft sehr schnell bei Menschen, die zum ersten Mal den Kontakt zu Pferden suchen. Es gibt viele Reitställe, in denen Angst selten direkt zugegeben wird! Es ist wohl das am meisten tabuisierte Gefühl, denn es geht doch bei Pferden darum, sich durchzusetzen! Wer wird sich denn, wenn er ängstlich ist, durchsetzen können? Deshalb gilt: Angst? Ich doch nicht! Niemals ein Angsthase sein!

Von der Angst, mit der Angst und durch die Angst hindurch

ANGST ZUZUGEBEN, fällt gerade Männern in unserer Gesellschaft schwerer als Frauen. Frauen wird eher zugestanden, ängstlich zu sein, sie dürfen Angst eher zugeben, eher zurückschrecken, doch bei Männern ist allzu oft eine »Bin ich denn ein Kerl, oder was?« – Mentalität zu beobachten.
Das Leben schließt jedoch immer auch Betroffenheit und Angst mit ein! Durch das Ernstnehmen bin ich echt, dann passiert etwas in mir! Ich lebe. Angst ist zunächst einmal ein überlebenswichtiges Gefühl. Sobald der Mensch in irgendeiner Weise in Gefahr schwebt, senden Zwischen- und Kleinhirn Alarmsignale aus, die den Menschen davor bewahren sollen, z.B. in die Tiefe zu springen, oder ihn dazu bewegen, vor dem heranrasenden Auto wegzuspringen. Insofern haben wir Menschen als Beute- und Flucht-Tiere ähnliche Angst-Impulse in uns angelegt, wie Pferde. Bei Gefahr: Kampf oder Flucht! In diesem Sinn ist Angst lebenswichtig.

NUN SIND LEBENSBEDROHLICHE Situationen glücklicherweise eher selten. Trotzdem ist das Phänomen Angst da. Hier kommen wir zu einer zweiten Version von Angst, der lebenshemmenden Angst. Die Form von Angst, die letztlich das Wachstum verhindert. Das Gehirn hat grundsätzlich zwei Aufgaben: Einmal ist es dafür da, unser Überleben zu sichern. Und seine zweite Funktion: Recht zu behalten! Sobald eine neue Situation auftaucht, wird sie vom Gehirn analysiert und blitzartig mit den Erfahrungen aus der Vergangenheit verglichen. Die Situation wird in »gefährlich« oder »ungefährlich« eingeordnet. Hat der Mensch in einer ähnlichen Situation schon einmal etwas Schlechtes erlebt, macht das Gehirn, wofür es schließlich zuständig ist: Es alarmiert und sendet: Vorsicht! (Lebens-)Bedrohung!

ANGST KOMMT VON Enge, eng. Wer Angst hat, macht sich eng. Die Atmung stockt, der Brustkorb zieht sich zusammen. Wichtig zu wissen ist, dass all die Reaktionen nicht vom Großhirn gesteuert werden (das entwicklungsgeschichtlich das jüngste von allen Hirnregionen und für das rationale Denken verantwortlich ist), sondern von entwicklungsgeschichtlich viel älteren Hirnregionen, die ohne das Großhirn zu fragen, den Körper aktivieren: Kampf- oder Fluchtreaktion!

Wer ist hier der Stärkere?

Deshalb kann es auch sein, dass jemand bei Angst eher aggressiv wird.

Angie fühlte sich im Kontakt mit Drolly überfordert, wollte es aber sich und dem Pferd gegenüber nicht eingestehen. Sie hatte Angst vor Drolly, die sich über ihre Führung hinwegsetzen wollte. Doch anstatt ihre Angst zuzulassen und bewusst durch sie hindurchzugehen, überspielte sie es mit Imponiergehabe. Um Drolly zu zeigen, wer der »Chef« ist. Wer das mit einem ranghohen Tier macht, der kann Außergewöhnliches erleben. Und so war es auch:

Drolly denkt aber nicht daran, mit Unterwerfung zu reagieren, sondern antwortet mit ihrer Form, Stärke zu demonstrieren: »Ich schlag' nach dir«. Das freie Pferd kann einem sehr deutlich zu verstehen geben, wer der/die Stärkere ist. Gerade deshalb wird die Freiarbeit von vielen Reitern gescheut, da hier kein Hilfsmittel mehr greift! Die ursprünglich leise Angst wächst – und die Dominanz des Pferde nimmt zu! Drolly bricht aus und zeigt ihre Stärke! Angie reagiert aus lauter Verzweiflung mit noch mehr Druck.

Druck erzeugt Gegendruck ...

... und die Energie bündelt sich.

NUN DREHT DAS Pferd völlig auf. Sogar so weit, dass sie ganz klare Anweisungen und deutliche Signale ignoriert und sogar Nicoles Grenzen nach kurzem Zögern durchspringt. Sie ist nicht mehr ansprechbar. Angie übrigens auch nicht.

Was ist zu tun, wenn ein Pferd so »aufgewiegelt« ist, dass es seine Umgebung kaum noch wahrnimmt und einfach nicht mehr ansprechbar ist? Das kennen viele Menschen von Angstzuständen ebenfalls. Selbst bei Lampenfieber gibt es solche Blackouts!

DER EINZIG RICHTIGE Schritt lautet: Stopp! Egal, was Sie gerade tun und wo Sie sich befinden. Halten Sie an. Atmen Sie. Tun Sie nichts. Diese Auszeit ist wichtig, um aus dem Szenario herauszukommen und wieder bei sich anzukommen. Sonst sind Mensch wie Pferd in Gefahr. Auch in anderen Situationen, in denen Sie Angst haben, gilt das gleiche Prinzip. Viele denken, gerade auch in Krisensituationen, sie bekämen Souveränität, indem sie möglichst viel tun, nach dem Motto: »Wir wissen zwar nicht wohin, aber dafür erhöhen wir das Tempo!« Und aus Angst, in der Angst die Kontrolle zu verlieren, trauen sie sich nicht, loszulassen und für einen kurzen Moment nicht weiter zu wissen. Doch die Situation ist, wie sie ist! Das zu akzeptieren, ist ein wesentlicher Schritt zur Lösung. Und wer dann die Illusion der Kontrolle für einen kurzen Moment loslassen kann, für den eröffnen sich neue Handlungsmöglichkeiten. In solchen Situationen können Menschen, die mehr Vertrauen ins Leben besitzen, eher loslassen. Erst jetzt stellt sich wieder ein freier Blick auf die Gesamtsituation ein. Mit möglichst viel Ruhe und Achtsamkeit gilt es dann zu klären: Ab wann ist das Pferd wieder aufnahmefähig? Sobald es wieder ansprechbar ist, sollte derjenige Mensch, der dem Pferd das meiste Vertrauen entgegenbringen kann, wieder den Kontakt suchen.

Hier wird keine Grenze mehr akzeptiert.

Wer jedoch immer noch Angst hat, und sie (wieder) überspielt, der beginnt das Spiel von neuem.

Denn ein Pferd spürt ja die eigentliche Emotion des Menschen, nämlich Angst, und nicht das vorgespielte Verhalten! Deshalb gilt in dieser Situation und immer wieder: Halt! Spüren! Zugeben der eigenen Angst. Atmen. Ruhe. Erst, wenn der Mensch die innere Ruhe wieder gefunden hat, kann und sollte er versuchen, diese Ruhe auf das Pferd zu übertragen.

Dann sind beide wieder »da« – und nicht in ihrem inneren Film, der da heißt: »Vorsicht: Lebensbedrohung!« Und die Zeichen werden wieder zu einer Kommunikation.

WER DAS THEMA Angst in seinem Leben näher beleuchten und Ängste überwinden möchte, sollte sich eine gute Begleitung dafür suchen. Denn nur in einem geschützten Rahmen wird es möglich, Angst zuzulassen, sie in Ruhe anzuschauen, sie als solche zu akzeptieren und Schritt für Schritt in angemessenem Tempo zu durchschreiten.

Über Ruhe und etwas Abstand kann man wieder zu sich finden.

Wer zu sich und seinen Ängsten steht, kann die Grenzen nach außen klar kommunizieren.

Für Nicht-Reiter

Ausprobieren

Praxis

Einfach mal anders als gewohnt

Die Macht der Gewohnheit schlägt öfter zu, als Sie denken! Zwar sprechen alle immer wieder von Veränderungen und der sich dauernd verändernden Welt, doch im Alltag wiederholen wir täglich immer wieder unbewusst unsere Muster. Sie sollten sich, wenn Sie sich mit dem Thema Gewohnheiten auseinandersetzen wollen, keine großen Ziele setzen. Es sind eher die vielen kleinen Dinge, die den Zement von »so bleiben wie es ist« ausmachen. Das fängt schon morgens damit an, mit welchem Fuß Sie zuerst aufstehen. Und genau hier fängt die Übung an: Entscheiden Sie sich ganz bewusst dazu, eine »Mini-Handlung« am Tag, sei es das Zähneputzen oder das Kaffeekochen oder das Türaufschließen oder den Weg zur Arbeit, ganz bewusst zu tun. Schritt 1 besteht darin, diese eine Handlung zu beobachten: Dazu hat es sich bewährt, die Geschwindigkeit extrem zu verlangsamen. Benennen Sie dabei innerlich jeden noch so kleinen Schritt, den Sie ausführen. Es kann sein, dass Sie sich dabei etwas lächerlich vorkommen, doch nur so können Sie sich Unbewusstes bewusst machen. Und Schritt 2 wird möglich: Nachdem Sie sich möglichst eine Woche lang (damit schaffen Sie schon wieder eine neue kleine Gewohnheit!) beobachtet haben, ohne etwas zu verändern, entscheiden Sie sich in der zweiten Woche dazu, diese eine kleine Handlung ganz bewusst anders zu tun als normal. Wenn Sie normalerweise mit rechts Ihre Zähne putzen, dann diesmal mit links. Oder erst das Wasser und dann die Zahnpasta oder statt mit der ganzen Hand nur mit zwei Fingern die Zahnbürste haltend oder ....

Es gibt bei genauerem Hinschauen (was Sie ja schon in Schritt 1 geübt haben) Millionen Möglichkeiten. Sie fallen nur bei routinemässigem »Ausführen« nie auf!

Nach einer Woche ziehen Sie Bilanz über diese Übung. Hat sich etwas verändert?

MANCHE MENSCHEN machen die Erfahrung, dass sie beginnen, ihr Leben zu hinterfragen und zu verändern, nur weil sie nach 15 Jahren des gleichen Weges zur Arbeit feststellten, dass es auch andere gibt!

Für Reiter

Ausprobieren

Nachmacher!

Ein Teilnehmer ahmt seine Lehrerin pantomimisch nach. Diese Übung können Reitlehrer mit ihren Schülern anwenden, wenn Erklärungen und Vorzeigen nicht greifen. Sie können diese Übung aber auch einfach mal mit einem Reitkollegen versuchen, der Lust auf ein Experiment mit Ihnen hat. Lassen Sie Ihr Pferd frei in der Halle laufen. Wenn es sich alles angeschaut hat, sich gewälzt oder auch ein wenig für sich herumgesprungen ist, versuchen Sie das Pferd über die hintere treibende Führposition (s. S. 93) zum Losgehen zu bewegen. Durch Ihre Körpersprache und Ihre Energie aus der Mitte sowie durch Ihre geistige Vorstellung schicken sie Ihr Pferd nach außen und in die vorgestellten Gangarten. Natürlich vom Leichteren zum Schwierigeren. Erst im Schritt, dann im Trab und – wenn alles gut geht – können Sie es auch angaloppieren lassen. Der Partner beginnt, Sie begleiten ihn wie ein Schatten, direkt hinter ihm – und machen alle Bewegungen komplett nach. Na, wie geht's Ihnen damit? Spüren Sie, wie Sie in die Kraft kommen oder spüren Sie, wenn Sie lieber etwas anderes in dieser Situation tun würden? Wechseln Sie und versuchen Sie es dann auch wieder alleine. Nehmen Sie Unterschiede wahr und achten Sie dabei auf jede noch so kleine positive Veränderung. Als Abschluss loben sie Ihr Pferd für das Mitmachen des Experimentes und bevor Sie eine weitere oder neue Übung beginnen, halten Sie inne und nehmen Sie bewusst wahr, was zum Gelingen beigetragen hat. Was davon könnte für Sie wieder in anderen Situationen nützlich sein? Gerade wenn etwas gut klappt, gibt man sich oft nicht die Zeit es zu schätzen. Mehr Gedanken machen sich die Pferdebesitzer immer über das, was nicht gut klappt.

Lernen durch Nachahmung

Ausprobieren

Ein liegendes Pferd

Ungewöhnlich! Ein liegendes Pferd! Was soll das? Zirkuslektionen helfen, sein Pferd mal von ganz anderen Seiten kennen zu lernen. Üblicherweise steht das Pferd neben uns. Das ist das Gewöhnliche. Wie verändert sich die Beziehung zu meinem Pferd, wenn es liegt oder sogar sitzt? Und gar, wenn ich es dazu bringen möchte, diese Lektion mit mir zu tun? Bei dieser Übung geht es jedoch noch gar nicht um Zirkuslektionen. Sondern darum, sich diesmal vom Pferd einen Vertrauensvorschuss geben zu lassen. Dadurch, dass es liegen bleibt, wenn Sie bei ihm sind. Versuchen Sie auch mal bei passender Gelegenheit sich Ihrem Pferd, wenn es sich hingelegt hat, nahe zu kommen. Wie nah es möglich ist, werden Sie bei genügender Achtsamkeit spüren. Die Gefahrenquelle für eine mögliche Verletzung sind die Pferdebeine, die beim Aufstehen ins Strampeln geraten können, und der Pferdekopf, der zum Aufstehen die Balancestange bildet und blitzschnell hochfährt. Deshalb nähern Sie sich zunächst seitlich von vorne und danach bewegen Sie sich nach hinten, zum Rücken des Pferdes. Diese Übung fördert Achtsamkeit und Vertrauen bei Mensch & Pferd.

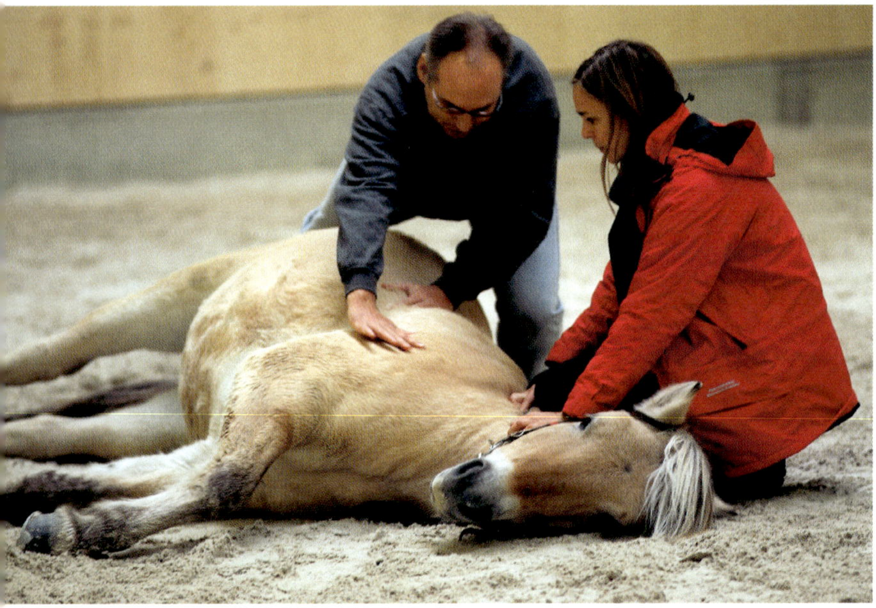

Absolutes Vertrauen – Herausforderung für Mensch und Tier.

Üben

Bewusstheit im Tun

Entdecken Sie neue Trainingsmöglichkeiten. Hilfreich sind optische Begrenzungen, damit auch das Pferd mitarbeitet und Sie gemeinsam mit Ihrem Pferd sehen, was genau in der Übung geschieht, wie und ob eine Übung gelungen ist oder auf was es gilt, noch mehr Wert zu legen.

IN EINEM LABYRINTH zeigt Mia ihrem Pferd Kamyar durch ihre Körpersprache wie Kamyar sich biegen kann. Das Pferd wird durch die optische Begrenzung dazu angeregt, mitzuschauen , mitzudenken und mitzumachen. Vor jeder Übung ist es wichtig, das Pferd gerade anhalten zu lassen und den Kopf des Pferdes zu senken. Damit kommt das Pferd in die innere Ruhe und hört auf den Menschen. Das Pferd wird am Anfang noch nicht so lange mit gesenktem Kopf stehen, wie Sie es sich wünschen. Macht nichts! Wenn es mit Ihnen verschiedene Situationen erlebt und durchgemacht hat, dabei von und mit Ihnen positive Erfahrungen gesammelt hat (sich bei Angst Ihnen anvertrauen konnte oder es einfach nur Ihre Freude am Tun spürte), wird es Ihnen immer mehr vertrauen und besser stehen bleiben. Die Übung sollte so langsam wie nur möglich ausgeführt werden. Aber machen Sie keinen Druck, wenn das Pferd schneller wird. Ruhe können Sie nie erzwingen! Passen Sie sich dem Pferd an und versuchen Sie ihm die Idee von Langsamkeit zu vermitteln. Zum Beispiel könnten Sie mit der Gerte ganz langsame Bewegungen zur Begrenzung ausführen.

Das Pferd lernt mitzudenken.

SIE WERDEN SEHEN: Das Tempo wird immer entspannter mit der Zeit! Ganz bestimmt! So schnell wie möglich hinter dem Hindernis anhalten, den Kopf wieder in die Tiefe nehmen, um das Pferd aus seinem Fluchtinstinkt in eine andere Verhaltensweise zu führen. Es soll sich Ihrem Signal anvertrauen. Es kann dann bald sehr schnell auf ein Zeichen von Ihnen auch in schwierigeren Situationen entspannen und »verdauen«, was gerade passiert ist. Obwohl schon versucht wurde, den Fluchtinstinkt wegzuzüchten, ist es dem Menschen nicht gelungen: Das Pferd ist und bleibt ein Fluchttier. Doch durch ein solches

Üben wird dem Fluchtinstinkt eine stressfreiere Handlungsmöglichkeit entgegengesetzt, was das Repertoire erweitert. Da der Körper auf den jeweils stressfreieren und dem Überleben am sichersten dienenden Mechanismus zurückgreift, sind so ausgebildete Pferde eine echte Lebensversicherung! Beim Reiten helfen oft Hütchen, aufgemalte Linien im Sand, Stangen oder Musik, um die Rundung einer gebogenen Linie Wirklichkeit werden zu lassen, statt wahllos Vielecke in die Reitbahn zu legen und es nicht einmal zu bemerken. Schwer fällt auch vielen Pferden das Rückwärtsrichten. Stangen und ein Helfer am Boden können manch »Wunder« bewirken. Ein Versuch ist es wert! Wenn Takt und Losgelassenheit fehlen, kann auch eine ruhige Musik, ein Takt, der auf einer Trommel geschlagen wird, helfen, den Rhythmus zu übernehmen, und dadurch ins physische und psychische Gleichgewicht zu kommen. Das tut im Übrigen auch dem Reiter selbst gut!

Staunen

Die Kraft, die aus der Tiefe kommt

Durchbrechen Sie als Reiter Ihre Gewohnheit und lassen Sie sich im Gegensatz zum Gerede Ihrer Reitkolleginnen einmal auf dem Pferd führen. Anfangs ist es sicher etwas komisch, aber schon sehr schnell werden Sie es als Luxus empfinden. Denn nur, wer gelernt hat, sich ganz einzulassen auf eine Bewegung, der kann aus einer erlernten Technik wirklich kunstvolles Reiten entwickeln. Setzen Sie sich auf ein ungesatteltes Pferd. Das Pferd soll stehen bleiben. Schließen Sie Ihre Augen – nur Mut! Durch die ungewohnte Tat nehmen Sie erheblich mehr wahr. Ihr Führer passt auf Sie auf. Nehmen Sie als erstes wahr, wie Sie auf Ihrem Pferd Platz genommen haben. Wo überall berührt Ihr Gesäß den Pferderücken? Wie fühlt sich Ihr Oberkörper an, wie Ihre Hüftgelenke? Nehmen Sie wie mit einer inneren Videokamera Ihren ganzen Körper im Detail auf. Wie fühlen Sie sich? Lassen Sie sich Zeit.

HABEN SIE SICH GUT wahrgenommen, lassen Sie sich im Schritt losführen. Dabei nehmen Sie mit Ihrem Atem Kontakt zu Ihrer Körpermitte auf. Gehen Sie in Gedanken zu Ihrem Steißbein und stellen sich vor, dass Ihr Steißbein Sie wie ein Känguruschwanz abstützt und Ihnen Balance gibt. Danach nehmen Sie einen tiefen Atemzug und stellen Sich vor, Sie sind ein großer starker Baum, der mit seinen Wurzeln im Boden verankert ist und seine Äste in den Himmel streckt (dabei können Sie Ihre Arme zum Himmel ausstrecken).

Sie werden jetzt ein zentriertes und festeres Sitzgefühl haben und feststellen, dass Sie keine Mühe haben, ohne sich anzuhalten die Bewegungen des Pferdes harmonisch durch Ihren Körper ziehen zu lassen. Lächeln Sie jetzt noch der Welt entgegen und nehmen Sie den Luxus wahr, zwischen Himmel und Erde eingespannt zu sein, getragen zu werden. Beginnen Sie die Bewegungen des Pferdes zu genießen. Atmen Sie dabei tief und ruhig in den Bauch ein und aus. Wachsen Sie in Gedanken in den Himmel und mit Ihren Beinen in den Boden. Wenn Sie unsicher werden sollten, stellen Sie sich eine Kugel in Ihrem Becken vor, die durch beim Einatmen in den Bauch rollt und beim Ausatmen über die Mitte in den unteren Teil des Rückens. Mit dem Atem hin und her, vor und zurück, zurück und vor. Lassen Sie die Kugel immer kleinere Bewegungen machen, bis die Kugel ausbalanciert in der Mitte Ihres Beckens zur Ruhe kommt. Wird es im Laufe der Übung nochmals wacklig in Ihrem Sitz, dann denken Sie an Ihre Zentrierung mittels der Kugel. Wenn Sie entspannter sind, können Sie Ihren Körper besser wahrnehmen. Gehen Sie wieder wie mit einer inneren Videokamera Ihren ganzen Körper ab und zeichnen ihn auf. Danach spannen Sie mit den Armen einen großen Regenbogen über sich, bis Ihre Arme wieder seitlich herunterhängen. Merken Sie eine Veränderung? Sie können nicht nur zentrierter und ausbalancierter **in** und nicht **auf** Ihrem Pferd sitzen, sondern Sie spüren auch eine ganz besondere Kraft, die Sie durch diese Übung erhalten haben. Sicher fühlen sie sich jetzt anders und vielleicht kann ein Zuschauer sogar in Ihrem Gesicht lesen, was sich ereignet hat.

Sich auch mal eine Auszeit zu gönnen tut gut und bewirkt oft mehr als pausenlos zu üben.

Aus der Praxis

Nach Rücksprache mit Jutta (Trainerin) entscheide ich mich für Argentina, eine etwas schwierigere Stute, nicht so leicht zu handeln wie die liebliche Araberin. Ich bin schließlich Anfänger, aber ganz so leicht soll es doch nicht sein. Ich bin aufgeregt und zittere. Eine Entspannungsübung auf frostiger Weide, die Alpen zum Greifen nahe, erdet mich, wärmt mich, ich bekomme mehr Kontakt zu mir, das Zittern weicht einer Ruhe, die aus dem Boden kommt. Kurze Anweisungen über den Umgang mit dem verlängerten Arm: die Peitsche oder wie ich glaube auch Reitgerte genannt, leichtes Tippen oder Zeigen, stärkeres Tippen als Nachdruck des eigenen Willens. Ein Strick, Haltetechnik mit Schellverschluss, und wieder hinein ins Land des Tieres. Kontakt, eingehakt und leicht geführt, der Mensch geht immer etwas voraus, klare Führungsstruktur ... muss erst hergestellt werden. Argentina hat eine schnellere Gangart als ich, will dem Leittier folgen, welches vor mir ist. Ich benütze die Gerte, leichtes Tippen und das Pferd steht. Wow!

Ich bin angenehm überrascht. Meine Aufmerksamkeit, noch vom 6:30 Uhr Aufstehen durchtränkt, erwacht langsam. Der erste Erfolg im Umgang mit dem Pferd ermutigt mich. Der erlebte Mechanismus drängt ins Handlungsrepertoire und die Aufmerksamkeit erlahmt auch schon wieder. Argentina holt mich zurück in die Gegenwart – träume nicht, lebe! Schau, ich bin schon wieder vor dir.

Im kleinen runden, eisern umgrenzten Rund endet die Reise: Pferdepflege, nachdem das Tier in den Ruhestand gebracht ist. Es geht wunderbar schnell, ich liebe das Tier, beobachte seine Reaktionen, wo es gern mit der Bürste berührt wird, wo nicht und es entsteht eine Einheit, Mensch und Tier, selbst die Beine mit diesen gefürchteten Schlagwerkzeugen entstaube ich ... und ... ich hebe die Hufe und putze Dreck mit einem Spezialwerkzeug aus den Vertiefungen des Fußendes, ein Kiesel weicht meinen Anstrengungen.

In dem ganzen Geschehen auch Glück gehabt: Die Leitstute machte es der anderen Teilnehmerin nicht so leicht und kam des Öfteren in unmittelbare Nähe zu unserer ruhigen Einheit. Wie mir gesagt wurde könne das zu Problemen führen, wenn mein Pferd ausweicht und ich mich unter ihm liegend wiederfinde, in wer weiß welchem Zustand. Ich kann doch nicht an alles denken.

Ich kämme noch die Mähne, halte mich zurück vorm Zöpfeflechten und genieße das Beisammensein mit Argentina, welche die Augen genussvoll geschlossen hält.
Der Gang in den Stall bringt mich wieder auf den Boden, mein Pferd übernimmt in bekanntem Terrain die Führung und drängt sich in die Box, mich ins Abseits. Ich gehe ohne Abschied, wir sehen uns ja wahrscheinlich noch einmal.
Mein Anfangsstatement, keine Probleme, einfach mal schauen, Neugier, endete: Ein erstes Thema wurde sichtbar: Abschied, schon immer von mir nur unwillig behandelt, wenn ich gehen will, dann gehe ich, am besten heimlich, ohne große Gesten, erspare mir Stellungnahmen, Erklärungen, Geheuchel, bin einfach weg. Lieblos, ohne Respekt vorm Anderen. Ist in einigen Situationen gut, als Gewohnheit unbrauchbar, lässt in entsprechenden Momenten auch mich unbefriedigt. Gut zu sehen, wenn's schön war, zeig es, ohne Scham, aufrichtig, ehrlich, Blick in die Augen: Schön war's – Danke – Kontakt – eventuell Umarmung (kein Bussi Bussi!)

Pferde stärken Führungs-Kräfte

Macht gehört nicht tabuisiert, sondern – genau wie alle anderen Instrumente der Führung und Beeinflussung – transparent gemacht und regelmäßig kritisch hinterfragt im Hinblick auf ihre Ziele, ihre Funktion sowie die Art und Weise ihrer Ausübung.

Klaus Doppler, Christoph Lauterberg

DIESES KAPITEL WENDET sich sowohl an Führungskräfte und solche, die es werden wollen. Es richtet sich aber auch an all jene, die sich selbst, ihr Leben und/oder ihre Partnerschaft, ihre Kinder oder Geschäfte besser führen wollen. Und natürlich an alle Reiter, die mit ihren Pferden gut zurechtkommen wollen! Wann immer wir in Interaktion mit anderen Lebewesen treten und Wirkungen erzielen wollen, begegnen wir dem Thema Führung.

Gedanken zum Thema Führung

Führung beginnt immer bei sich selbst. Und wer sich dem Thema Führen mit Herz und Verstand nähert, wird im Kontakt mit Pferden auf wesentliche Grundlagen stoßen. Der Kontakt mit Pferden macht es möglich, die Vielschichtigkeit von Führung ganzheitlich und im wahrsten Sinn des Wortes »leibhaftig« zu erfassen. Wer keine formale Macht hat , kann sich nur auf seine Kraft und seine Person verlassen, um andere Lebewesen (Menschen oder Pferde) zu führen. Durch diese Reduktion auf Eigen-Macht wird Führung plötzlich purer und direkter.

EIN PFERD STEHT schnaubend in der Halle. Völlig frei, ohne Halfter, Zügel oder Sattel. Vorsichtig geht ein Mann darauf zu – da wendet es sich plötzlich ab und galoppiert davon. Ob er Angst hat? Nein, eigentlich nicht. Ob er beschreiben kann, was er getan hat? Nein, nicht wirklich, er wollte »halt irgendwie Kontakt« zu diesem Pferd.
Ob er weiß, wie er mit seinem Körper kommuniziert habe? Na, souverän! (meint er). Warum das Pferd dann von ihm weggelaufen ist?! Na, das fragt er sich auch – doch er kennt das irgendwie von sich, im Alltag: Er hat oft das Gefühl, seinen Mitarbeitern immer hinterherlaufen zu müssen. Und jetzt macht dieser Gaul das eben auch! Typisch!
Gerade erfolgsgewöhnte Manager kommen im Kontakt mit den Pferden plötzlich an ihre Grenzen. Die Symbolkraft solcher Erfahrungen kann tief greifende Reflektionsprozesse und Veränderungen auslösen.
In diesem Fall wurde dem Mann klar, dass Führung sehr viel mehr bedeutet, als die reine Anweisung an seine Mitarbeiter. Und das die Situation mit den Pferden viel mehr mit ihm selbst und seiner eigenen Steuerung zu tun hat, als ihm lieb

ist! Führungsarbeit ist Beziehungsarbeit! Jedes Pferd und jeder Mensch ist unterschiedlich in seinem Charakter und seiner Lebensgeschichte. Durch die unterschiedlichen Bedürfnisse jedes einzelnen wird deutlich, wie wichtig es ist, jedes Wesen mit seinen Eigenarten und Hintergründen zu sehen, um überhaupt effektiv kommunizieren zu können.

FÜHRUNGSFÄHIGKEITEN WERDEN selten geschult. Zwar besitzen viele Führungskräfte enorm viel fachliches Knowhow – doch gerade junge Führungskräfte, die aufgrund ihrer fachlichen Kompetenz auf Führungspositionen gekommen sind, sind häufig im eigentlichen Führen von Menschen überfordert.
Wer dann in seiner Not versucht, Führungs- und Motivationstechniken anzuwenden, ohne Vertrauen in die eigene Person und in die Mitarbeiter zu haben, wird es nicht schaffen, ein vertrauensvolles Betriebsklima aufzubauen.
Fertigkeiten und Techniken alleine machen noch keine gute Führung aus! Und dort, wo kein Vertrauen herrscht, wirkt jede noch so gut gemeinte Aktion eher manipulativ und unglaubwürdig, statt klar, bestimmt und motivierend. Da kann jemand sich noch so »perfekt« und autoritär geben, wenn die Glaubwürdigkeit fehlt, ist das noch längst kein Grund, als Autorität wahrgenommen zu werden. Jedes aufgesetzte Verhalten schwächt die Akzeptanz als Führungskraft. Und eine echte Autorität muss nicht mehr autoritär sein!
Wer weiß, was und warum er etwas tut, wirkt glaubwürdig! Und wer selbst (vor)lebt, was er sagt, zeigt, wie sehr er den von ihm vertretenen Standpunkten selbst glaubt. Vertrauen führt. So eine echte Autorität hat den Mut, »echt« zu sein, mit allen Ecken und Kanten. Das bedeutet, sie steht zu ihren Fehlern, ist integer und geradlinig, meint was sie sagt, und handelt vor allem auch danach! Es ist eine Person, der man sich anvertraut, der man glaubt und von deren Kompetenz man überzeugt ist.

KINDER UND PFERDE haben für diese Art von Menschlichkeit ein sehr feines Gespür. Pferde spiegeln den Menschen unverblümt. Und deshalb sind solche Selbsterfahrungen und Reflexionen mit Pferden wichtig für Eltern, Erzieher, Lehrer, Politiker, und Führungskräfte. Also all die Menschen, die Verantwortung übernehmen, Richtung und Rahmenbedingungen vorgeben und andere Menschen führen.

DIE PARALLELE ZUR Führung in der Pferdewelt ist denn auch verblüffend: In einer Pferdeherde führen natürliche »Bosse« souverän, bestimmt und mit wenig körperlichem Einsatz ihre Herdenmitglieder. Diese natürlichen Bosse sind normalerweise zwei »Führungspersönlichkeiten«: die Leitstute und der Leithengst, die sich ihre Aufgaben teilen. Sie haben sich ihre Rollen durch Kämpfe, Lebenserfahrung und innere Ausstrahlung errungen. »Natürliche« Bosse sind Tiere, die die volle Bereitschaft zeigen, die Leitung der Herde zu übernehmen, mit aller Verantwortung. Diese Tiere strahlen Ruhe aus und werden von allen voll und ganz anerkannt. Durch ihre sehr klare Körpersprache leiten, ordnen und führen sie die Herde und schützen sie vor Gefahren. Durch oft nur minimale Körpersignale und durch ihre starke Ausstrahlung können die Leittiere ihre Herde z.B. warnen, zur Flucht antreiben oder wieder entwarnen. Gute Leittiere erhalten sich ihren Platz in der Herde nicht mehr durch Kämpfe, um ihre Stärke zu beweisen, sondern durch innere Führungsqualitäten: Ausdauer, Mut, Verantwortung, guter Instinkt, schnelle Reaktionen sind die Qualitäten, durch die sich alle Herdenmitglieder gut beschützt fühlen und ihre Ruhe finden. Wenn ein ranghohes Tier alt wird, gibt es jahrelang vorher einem ausgewählten Tier die Erfahrung und das Wissen rechtzeitig weiter. Es gibt so etwas wie »Leittiere mit Berufung« – die gerne arbeiten und schnell über sich hinauswachsen. Ihr Verhalten ist angenehm und wirkt natürlich. In Herden mit schlechten Leittieren herrscht dagegen sehr viel Aggression, Unordnung und Unruhe. Es gibt auch bei Pferdeherden »schlechte Bosse« – sie erkennt man daran, dass sie oft überzogen und aggressiv reagieren. Und daran, dass die Herde eben nicht gut funktioniert!

Zwei Chefs unter sich

So, wie Macht, Verantwortung und Klarheit in Firmen eine gesunde Unternehmenskultur ausmachen, ist es auch in einer Pferdeherde. Die zweite wesentliche Gemeinsamkeit zwischen Mensch und Pferd: Auch Menschen folgen nur dann freiwillig, wenn zwischen ihnen und ihren Führungskräften eine natürliche Balance zwischen Respekt, Vertrauen, Autorität, Überzeugungskraft und Glaubwürdigkeit besteht.

WER ALSO SEINE Führungsqualitäten erproben möchte, ist bei den Pferden gut aufgehoben!
Sie können viel über Ihre eigene Führungskompetenz lernen – auch, ob Sie sich generell eher unter- oder eher überschätzen.

GERADE ERFOLGSVERWÖHNTE Zeitgenossen können ihre Selbstwahrnehmung überprüfen und ihr Verhalten an der Reaktion des Pferdes austesten. Denn im hautnahen Kontakt mit dem freien Pferd haben Sie keine Machtmittel oder andere Hilfsmittel mehr – Sie können nur noch als Person überzeugen.

Kommunikation

WER MIT PFERDEN kommunizieren und/oder von ihnen etwas über seine Kommunikation lernen will, muss bereit sein, sich auf die Pferdewelt einzulassen und »mehr und mehr Pferd zu werden«. Es geht nicht darum, das Pferd zu vermenschlichen, sondern schlicht und einfach die Perspektive zu wechseln: Anstatt vom Pferd zu verlangen, die menschliche Sprache zu erlernen, drehen Sie den Spieß einmal um und lernen selbst die Pferdesprache! Das hat den Vorteil, dass Sie Ihre Intelligenz zielgerichtet einsetzen. Zudem trainieren Sie Ihre Fähigkeit, Perspektiven zu wechseln. Dadurch erweitert sich der eigene Horizont. Diese Basiskompetenzen für den wertschätzenden Umgang und die erfolgreiche Kommunikation mit anderen (Pferden und Menschen) können gar nicht oft genug geübt werden! Hier liegt jedoch oft schon ein erstes Missverständnis: Wie viele Reiter verlangen von ihren Pferden, dass sie doch end-

lich das tun sollen, was von ihnen verlangt wird – und ärgern sich dann über das Pferd, wenn es das nicht tut. Und wie viele Parallelen gibt es im menschlichen Alltag? Wie oft ärgern sich Führungskräfte über ihre Mitarbeiter, Partner übereinander, Mütter über ihre Kinder, Lehrer über ihre Schüler und unterstellen, dass der andere einfach nicht verstehen will, was man meint? Oder es zwar versteht, aber nicht tun will: »So ein bockiges Pferd!«
Vielleicht haben der oder die andere es nur nicht verstanden, weil er oder sie die Welt aus einer anderen Perspektive betrachtet? Probieren Sie es doch einfach einmal aus und versetzen sich in die Lage Ihres Gegenübers: Was würde bei Ihnen ankommen, wenn Sie aus der Perspektive, der »Brille« des anderen, die Welt wahrnehmen würden?

DAS GLEICHE GILT für Pferde. Wer mit Pferden erfolgreich zusammen sein will, sollte sich immer wieder in die Perspektive des Pferdes versetzen und nicht aus menschlicher Sicht Schlüsse ziehen oder Interpretationen geben!
Die Pferdesprache ist vor allem eine Sprache über den Körper. Wenn Sie sich mit Ihrem eigenen Körper auseinandersetzen, werden Sie für Ihre eigenen Körpersignale sensibler und erweitern Ihr Repertoire und Ihre Wirkungskraft erheblich. Sie werden merken, dass bestimmte Körpersignale, die bei Pferden wirken, von denen des Menschen gar nicht so weit entfernt sind. Vieles ist sogar verblüffend ähnlich, zum Beispiel der Vitalkreis.

DER VITALKREIS, vorstellbar als Blase um sich herum, stellt die Intimsphäre dar. Das ist der Raum, der zu jedem Lebewesen gehört. Nah, intim und dicht. Wird er respektiert und wahrgenommen, fühlt sich das Lebewesen wohl. Bei Menschen ist der Vitalkreis auch kulturell bestimmt, so ist der Umgang mit Nähe zum Beispiel in südamerikanischen Ländern ein ganz anderer als in nordeuropäischen Gesellschaften. Allen Gesellschaften gleich ist jedoch das Verhältnis von Raum und Macht: Je ranghöher, desto mehr Raum um sich herum. Ein klassisches Beispiel ist das Büro des Chefs, bei dem der Besucher sehr viel Raum durchschreiten muss, um zum Schreibtisch zu gelangen.
Auch bei Pferden hat ein ranghohes Tier sehr viel Raum um sich herum.
Wer diese natürliche Grenze um sich herum bewahrt und den Raum anderer Lebewesen achtet, geht mit sich selbst und anderen respekt- und würdevoll

um. Doch es ist nicht immer so leicht, die Grenzen deutlich zu machen und zu verteidigen. Einem auf Harmonie bedachten Menschen fällt es schwer seinen Raum zu verteidigen und Grenzen zu setzen. Dem, der die Grenzen übertritt, ist dadurch oft gar nicht bewusst, dass er es tut. Andersherum gibt es auch so manch tollpatschigen Zeitgenossen, der aus reiner Unachtsamkeit die Grenzen anderer andauernd überschreitet (oft ohne es zu wissen).
Das Bewusstsein seines eigenen Vitalkreises ist also ein Fundament für gelungene Kommunikation!

LEIDER HABEN WIR dieses Bewusstsein selten geschult. Wie oft schubbern sich Pferde an den Menschen, rennen ihre Besitzer um, ziehen einen Menschen hinter sich her, laufen ganz dicht an ihn heran, steigen ihm auf die Füße, schubsen, ziehen, zerren, beißen, treten. Wenn der Mensch seinen Vitalkreis nicht klar und deutlich zum Ausdruck bringt, dann wiederholen sich anfangs minimale Grenzüberschreitungen immer wieder. Bis sie irgendwann so selbstverständlich werden, dass sie dann als Probleme wahrgenommen werden.

Nicht das Handzeichen entscheidet, sondern die gesamte Körpersprache! Während die Hand »geh weg!« signalisiert, macht der Körper Platz zum Kommen.

WIE OFT überschreiten andere Menschen unsere Grenzen?
Wie oft fällt es uns schwer, »nein« zu sagen? Auch hier gilt das gleiche: Werden Grenzen nicht klar und deutlich kommuniziert, finden immer öfter und selbstverständlicher Grenzüberschreitungen statt.
Wer bei Menschen schlecht nein sagen kann, wird gegenüber dem Pferd auf ähnliche Probleme stoßen – und umgekehrt.

BEIM PFERD WIRD es allerdings auch körperlich hautnah spürbar. Wenn jemand ein Pferd in der Bodenarbeit zum Anhalten bringen möchte, das Pferd jedoch diese Grenze übertritt, dann muss irgendwann etwas getan werden, damit das Pferd diese Grenze akzeptiert. Werden Körpersprache und Stimme ignoriert, dann muss irgendwann der Körperkontakt dazukommen. Eine Leitstute würde treten. Wäre das Gewalt? Es wäre Gewalt, wenn der Mensch jetzt, die Zähne aufeinander beißend, ärgerlich und wütend, mit ausholenden Gesten das Pferd für sein Verhalten bestrafen würde. Gewaltfrei dagegen wäre, wenn der Mensch, ohne auf die Zähne zu beißen, ohne Ärger, Wut und Groll die Grenze körperlich setzen würde. So dass das Pferd es verstehen kann. Indem er zwar nicht wie die Leitstute gegen die Brust tritt, dafür aber andere unmissverständliche Gesten einsetzt. Zum Beispiel mit der Gerte zwei Mal aus dem Handgelenk heraus energisch-bestimmt gegen die Brust tippt – und sobald das Pferd auch nur im Geringsten reagiert, sofort damit aufhört. Damit hat er es überraschend aufgeweckt, ihm vielleicht sogar ein klein wenig weh getan, ihm aber keine Gewalt zugefügt. Es geht darum, die Grenze konsequent zu definieren, nicht darum, das Pferd zu bestrafen.

GERADE MENSCHEN, die noch wenig Kontakt zu Pferden hatten, fällt es besonders auf, wenn ihr Vitalkreis überschritten wird. Manche erfahrene Reiter, die sich darüber noch nie Gedanken gemacht haben, glauben, mit so »frechen« Pferden leben zu müssen, ohne zu wissen, wo sie ansetzen können. Andere, besonders unerfahrene Pferdeleute, halten diese Distanzlosigkeit des Pferdes fälschlicherweise gerne für Zuneigung. Die Kunst besteht aus einem stimmigen Gefüge von Nähe und Distanz, von Wegschicken und Kommen lassen.

KOMMUNIKATION FINDET bei Mensch und Pferd auf der Beziehungsebene statt. Und genau so, wie bei Menschen Konflikte auf einer sachlichen Ebene eine Verbindung zur Beziehungsebene haben, ist es auch bei Pferden: Probleme mit dem Pferd entstehen nicht immer durch das, was gerade sichtbar ist (zum Beispiel: Das Pferd springt nicht über einen Baumstamm), sondern oft auf einer anderen Ebene: Wenn zum Beispiel das Vertrauen in den Menschen fehlt. Anstatt sich auf das Überspringen des Baumstammes zu konzentrieren, wäre es erst wichtig, die Beziehungsebene zu überprüfen und gegebenenfalls zu stärken. Denn: Ein Pferd geht mit Ihnen sogar durchs Feuer – dann, wenn es Ihnen voll und ganz vertraut! Investieren Sie also jedes Mal wieder in den Kontakt und in die Beziehung mit Ihrem Pferd – das spart in der eigentlichen Arbeitsphase viel Energie und Zeit!

WIE KANN DER Mensch die Qualität der Beziehungsebene überhaupt überprüfen? Indem er sich und dem Pferd in einem abgegrenzten Raum den Rahmen für eine freie Begegnung und Kommunikation ermöglicht. Hier wird dann schnell deutlich, wer von beiden welche Position in der Rangordnung hat: Wer wem folgt, wer wen wegschickt, wer wessen Raum einnimmt. Und ob Impulse des Menschen vom Pferd beachtet, angenommen und umgesetzt werden. Wie der Vitalkreis geachtet und respektiert wird.

Vertrauensvolle Kommunikation auf Entfernung

DAZU IST ES wichtig, überhaupt zu wissen, wie Pferde untereinander kommunizieren.
Die Leitstute führt ihre Herde, indem sie voranläuft, das Ziel anvisiert und die Herde mitnimmt. Sie hält ihren Vitalkreis, indem sie gegebenenfalls nach hinten ausschlägt.
Der Leithengst treibt die Herde von hinten. Er hat eine kontrollierende und schützende Aufgabe innerhalb der Gemeinschaft. Er hält die Herde durch Bisse

Führung von vorne – das ist die Position der Leitstute.

Führung von hinten – das ist die Position des Leithengstes.

zusammen und wehrt nach hinten Feinde ab. Nicht, indem er ausschlägt, sondern sich umdreht, aufbäumt und angreift.

DIE ANDEREN Herdenmitglieder haben ebenfalls eine klare Rangfolge, die im Spiel festgelegt wird. Sie kommunizeren über ihren Vitalkreis, ihr Ohrenspiel, ihre Körperhaltung (vor allem Kopf und Hals), Schweif, Auskeilen, Scharren. Auch bei Menschen findet immer unbewusst eine Klärung der Rollen und der Rangordnung statt. Neben formalen Zeichen, wie Kleidung, Statussymbolen und Geld gibt es viele informelle Botschaften. Sie wirken subtiler, sind aber nicht minder wirkungsvoll. Attraktivität, Humor, »wichtige« Kontakte, Zugang zu Ressourcen etc. spielen eine Rolle. Auch das ist ein (gesellschaftliches) Spiel! Der Mensch kann beim Führen eines Pferdes von hinten oder von vorne führen. Seitlich ist er Spielgefährte und gleichrangig.

IN DER KOMMUNIKATION mit dem Pferd muss der Mensch, um seine Position zu bewahren, seinen Vitalkreis klar einnehmen und situationsbedingt vertreten, ausfüllen und ggf. verteidigen. Wichtig sind auch Raum beanspruchende ruhige Bewegungen. Das Pferd fühlt sich sonst nicht sicher und wird widerwillig oder mit Scheu reagieren.
Eine weitere entscheidende Grundlage für eine natürliche Souveränität ist sicherer Bodenkontakt: Die Qualität des Bodenkontaktes signalisiert die Art und Weise, wie Sie Standpunkte vertreten. Wer Positionen auch mal wechseln kann, seine Standpunkte im wahrsten Sinn des Wortes auch mal wechselt, steht zwar immer noch mit beiden Beinen auf der Erde, wird jedoch flexibler.
Wer mit Pferden so kommunizieren möchte, kann diverse Techniken lernen. Es wird möglich, sich verständlich zu machen und die Pferde werden vielleicht mit Respekt reagieren. Wir schlagen noch einen anderen Zugang vor, der die Anwendung der Techniken enorm bereichern kann. Dieser Zugang eröffnet eine Qualität, die sowohl innerlich spürbar, als auch äußerlich sichtbar wird. Es ist diese ganz besondere Verbindung zwischen Pferd und Mensch, wenn beide Wesen sich voll und ganz aufeinander einlassen. Voll Vertrauen in sich, einander und die Situation. Wenn Pferd und Mensch in ihrem Tun den Zuschauer staunen lassen und ihre Harmonie sich überträgt auf alle, die anwesend sind. Dann ist das ein fast schon magischer Moment von vollendeter Kommunikation.

DIESER ANDERE Zugang besteht darin, den Mut zu haben, sein eigenes Wesen »durchscheinen« und sich entfalten zu lassen. Impulsen zu folgen, auf die Intuition zu hören, wieder ein wenig Kind zu sein, zu schauen und zu staunen. Das kann auch mal bedeuten, Dinge, die als gesellschaftliches Tabu abgestempelt sind, auszuprobieren, zu singen, zu stampfen, zu schreien, um in Kontakt mit sich und in den Kontakt mit dem Pferd zu kommen. Anfangs werden es daher vielleicht recht grobe Gesten sein – nach und nach können Sie zu immer feinerer Feinabstimmung kommen. Doch das Schlüsselwort ist in jedem Fall Kontakt. In Kontakt mit sich zu sein, bedeutet: In jedem Augenblick mit ganzer Seele bei der Sache. Das ist alles – und doch so schwer.

Äußerlich nicht verbunden, aber eine gemeinsame Idee

DA DIE KÖRPERSPRACHE unser inneres Geschehen widerspiegelt, entstehen Widersprüche meist aus dem Anspruch, anders sein zu wollen, als wir gerade sind.

Verbunden über den Strick, doch keine gemeinsame Idee

DOCH WER ES sich erlaubt, mit ganzer Seele bei der Sache zu sein, bei dem stellt sich eine besondere Form von Klarheit ein. Wer sich und sein Anliegen ernst nimmt und hinter dem steht, was er meint, wird das automatisch in seiner Körpersprache ausdrücken. Die Wirkung kommt unmittelbar: Klare und harmonische Bewegungen, die eindeutige Informationen aussenden. Und das ganz ohne das bewusste Anwenden von Techniken!

WER JEDOCH ANGST hat, Fehler zu machen, Spielregeln zu widersprechen oder vom Konzept abzuweichen, der wird sich verkrampfen, was sich in abgerissenen, halb ausgeführten Bewegungsmustern zeigt, und den Bodenkontakt verlieren.

VERTRAUEN SIE also Ihren Impulsen, Ideen und Gedanken – Ihre Körpersprache, die Gestik, Mimik und alle Bewegungen folgen von alleine. Wenn Sie dem vertrauen, werden Sie Ihren Ausdruck finden. Sie werden wahrgenommen, ernst genommen und entfalten volle Wirkungskraft.

FÜHRUNG ÜBER natürliche Autorität lebt von Einfühlungsvermögen, Achtsamkeit, Konzentration, Mut und Kreativität. Sind diese Eigenschaften vorhanden, wird das Pferd freiwillig das tun, was der Mensch von ihm verlangt. Da Pferde von Natur aus Flucht- und Herdentiere sind, ordnen sie sich auch bereitwillig dem Ranghöheren unter.

Führungsqualitäten

Ist der Mensch jedoch unsicher, unkonzentriert und unklar, wird das Pferd niemals das tun, was der Mensch von ihm will.

NATÜRLICH GIBT ES auch Manipulationstechniken, eines davon ist die »Führung über Verführung«. »Zuckerbrot und Peitsche« sind (nicht nur bei Pferden) Hilfsmittel zur Motivation. Gerhard Sprenger spricht dabei in seinem Buch »Mythos Motivation« lieber von »Motivierung«. In der Organisationspsychologie wird sie als »extrinsische« Motivation beschrieben, nämlich die von äußeren Dingen abhängige: Karotten oder Äpfel mögen das Pferd bewegen, mir zu folgen. Doch sobald ich kein Leckerli mehr bieten kann, ist die Motivation dahin. Verführung kann zeitweilig zwar funktionieren, sie macht jedoch (beide) abhängig vom Motivationsmittel. Wird die Karotte jedoch als Geschenk, als Würdigung und Ausdruck der Freude, gegeben, dafür, dass etwas gelungen ist, dann stellt diese Geste ein Fundament für die gemeinsame Verbindung und Beziehung her (Menschen gehen auch miteinander essen, um zu feiern!). Und: Warum nicht dem Pferd das geben, was es gerne hat? Damit erhält die Karotte eine andere Bedeutung: aus einem »um, zu« wird ein »danke, dass«. Und das ist der wesentliche Unterschied.
Wer Versprechungen gibt, ohne sie einzuhalten, erreicht noch dazu genau das Gegenteil: Demotivation und Vertrauensbruch sind die Folge.

AUCH DAS ANDERE Extrem, die »Führung über Bestrafung und/oder Strafandrohung« funktioniert nur so lange, wie das Machtmittel (Peitsche, Riemen, Sporen) vorhanden ist. (Peitsche, Riemen und Sporen können auch sinnvoll, fein und ohne jeden Machtmissbrauch eingesetzt werden.) Hier ist

es wie mit dem Hammer: Er kann dazu dienen, ein Bild an die Wand zu nageln – oder jemanden damit zu schlagen. Je nach Gebrauch von Hilfsmitteln können sie dienen oder zerstören!
Doch erweist sich der von so manchem Pferde-Experten als völlig natürlicher und zwanglos beschriebene Umgang mit Pferden bei näherem Hinschauen bisweilen als Manipulation und Zwang! Gerade in der Pferdeszene kamen in den letzten Jahren immer wieder »neue« Methoden auf den Markt. Hier gilt es, genau hinzuschauen und zu hinterfragen, wer wirklich der Ausbilder des Pferdes war. Und zu prüfen, ob es nur Showeffekte sind, oder ob dieser Mensch mit dieser Methode wirklich über Jahre Erfolg in der Ausbildung von Pferden hat. Es ist wichtig, zu unterscheiden, wer vor allem sich selbst gut verkauft – und wer, wenn auch vielleicht sehr leise, ebenfalls ein begnadeter Pferdeausbilder ist. Dieser wird das eigene Tun nicht für den einzig richtigen und dadurch für neue Erfahrungen verschlossenen Weg betrachten.

Tu das, was du kannst mit dem was du hast und dort wo du bist.
Fredmund Malik

WAS FÜR DIE Pferde gilt, gilt natürlich erst recht für Menschen! Im Training und in der Ausbildung sollte man ebenfalls sehr sorgsam und genau hinschauen, um sich nicht gerade von den Führungsqualitäten und der Überzeugungskraft eines Marktschreiers blenden zu lassen. Die Krux: Führungsqualitäten von Gurus wirken – sie verführen und lassen andere folgen. Wirkungsvolle Showeffekte können zwar sehr eindringlich sein, doch wenn sich dadurch letztlich nur der »Meister« ins Licht setzt und durch die Energie seiner Zuhörerschaft gestärkt wird, lernen die Teilnehmer selbst nicht wirklich, in ihre Kraft zu kommen. Dann werden sie von ihm geführt (die Frage ist: wohin?), sind begeistert und motiviert – jedoch ohne wirklich an eigener Kompetenz dazugewonnen zu haben! Der Schlüssel liegt unseres Erachtens in der Verantwortung, die der Trainer /Ausbilder den Teilnehmern und ihren Belangen gegenüber zeigt! Geht es um sorgsame Qualifizierung und Persönlichkeitsreifung oder um die Demonstration, wie es »einzig richtig« ist? Da Teilnehmer sich einem Trainer anvertrauen, übernimmt er auch Verantwortung für sie. Hier kommt ein ganz wesentlicher Punkt guter Führung zum Vorschein: Grundlage guter Führung ist die Verantwortung, die eine Führungskraft übernimmt. Für die Sache, für die Menschen, für das Gesamtgefüge. Macht ohne gleichzeitige Übernahme dieser Verantwortung ist Machtmissbrauch!

Unser Tipp: Wenn Sie erleben, dass Sie sich selbst, je länger Sie bei einer Veranstaltung zuschauen, umso kleiner, unwohler und ungeschickter fühlen – oder Ihnen suggeriert wird, dass Sie einfach toll, superspitzenklasse und mit grenzenloser Energie ausgestattet sind – und alles mit dieser einen Methode (und nur mit dieser!) »so einfach und leicht« ginge, dann sollten Sie schnellstmöglich fragen, wohin Sie diese Veranstaltung führen wird – und wozu sie dient. »Nur der Meister kennt die Wahrheit« ist ein Machtmissbrauch von Führungsqualitäten.

Ist denn Führen (und Reiten) überhaupt möglich, ohne Manipulation, ohne Belohnung, ohne Strafe oder andere subtile Formen der Einflussnahme? Ja, doch dafür ist im wesentlichen das Selbstwertgefühl und Selbstvertrauen einer Führungskraft (und/oder Reiters) entscheidend.

Viele befürchten, dass ihnen jegliches Handeln aus der Hand gleiten könnte, wenn sie nicht ununterbrochen Druck machen oder die Situation kontrollieren. Kontrollmechanismen, Selbstkontrolle und Druck suggerieren Stärke und Überblick. »Ständig muss ich alle vorwärts treiben und kontrollieren, sonst ...« Ja, was würde denn sonst eigentlich passieren? Hinter diesen Sätzen steckt großes Misstrauen in die Fähigkeiten, die Glaubwürdigkeit und Motivation der anderen. Und, tief verborgen, großes Misstrauen in sich selbst. Meist haben solche Menschen in ihrer Lebensgeschichte einige schlechte Erfahrungen gemacht, die sie in ihrer Haltung bestärken. »Trau niemandem über den Weg – auch keinem Pferd!« Unbewusst werden die anderen (Menschen oder Pferde) dadurch abgewertet, denn ihnen wird die Kompetenz und die Motivation abgesprochen. Dadurch entsteht ein Teufelskreis: Denn: Druck erzeugt Gegendruck (außer er ist hoch genug, um Unterwerfung zu erreichen).

Der Teufelskreis »Misstrauen-Kontrolle-Druck-Gegendruck«

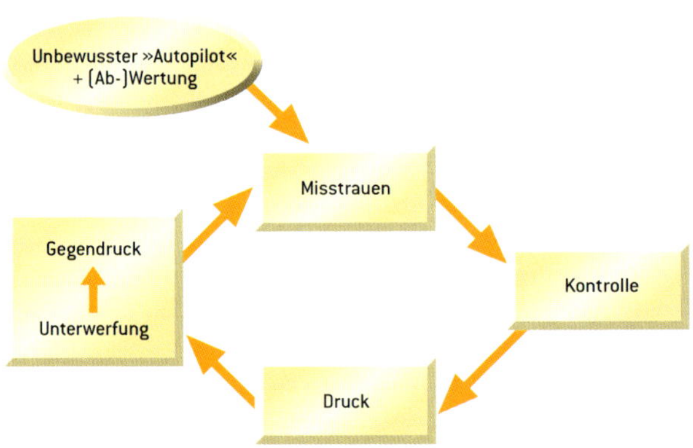

Hier sieht man deutlich und von Mensch zu Mensch, wie Druck Gegendruck erzeugt (oben) – und darüber hinaus derjenige (in dem Fall Nicole), der den anderen mit Druck bewegen will, geradezu in die falsche Richtung gezogen wird!

Das Gegenbeispiel: Führen und freiwilliges Folgen ohne Zug am Strick, nur über Vertrauen und Klarheit. Der Strick dient lediglich als sichtbares Symbol einer unsichtbaren Verbindung zwischen den beiden. Locker durchhängend der Strick, der Partner reagiert auf die gesamte Körpersprache. Verbindlichkeit ist dennoch vorhanden! Jeder tut, was nötig ist und es entsteht Freude am Tun.

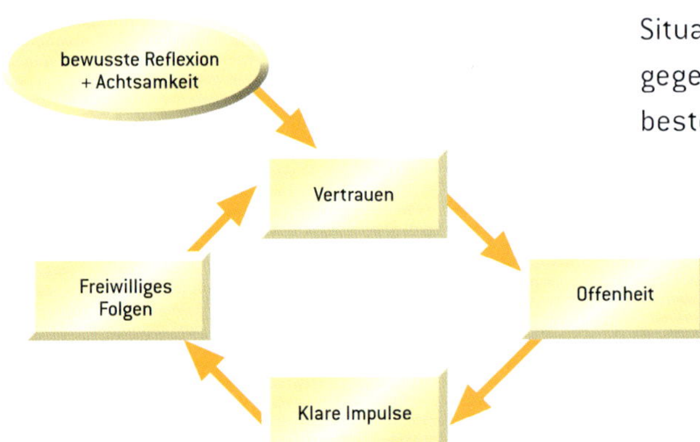

Die Lösung des Teufelskreises

Um dieses freiwillig verbindliche Folgen zu erreichen, ist ein Bewusstsein dafür nötig. Nur über bewusste Entscheidungen über meine eigenen Handlungen komme ich zu klaren Impulsen. Wer dann offen ist, wird die Reaktionen der Umwelt nicht in unbewusste Schubladen schieben, sondern sich im Wahrnehmen üben, um dann darüber zu reflektieren, wie die Reaktion zustande gekommen sind. So wird man fähig, mehr und mehr durch seine eigene Persönlichkeit zu führen. Die Grundlage dafür ist jedoch Vertrauen! Dieses Vertrauen beginnt bei sich selbst, überträgt sich auf die anderen und kann sogar in ein Vertrauen in die Gesamtsituation münden: Der Idee, dass diese Situation, in der man sich gegenwärtig befindet, die beste aller möglichen ist.

HIER KOMMEN WIR zu einer Kernkompetenz für gute Führung: Die ganz besondere Form von Belastbarkeit: Nämlich, die Realität als solche zu akzeptieren, auch wenn sie nicht voll durchschaubar und planbar ist. Wer diese Unsicherheit ertragen kann und sich nicht vormacht, er hätte »alles im Griff«, hat dadurch Souveränität gewonnen. »Kontrollettis« dagegen werden an der Spontaneität und »Lebendigkeit des Lebens« scheitern.

IM HAUTNAHEN Kontakt mit dem freien Pferd haben Sie keine Machtmittel oder andere Hilfsmittel mehr – Sie können nur noch als Person überzeugen. Hier kommen natürlich die Gefühle, die man durch die oben beschriebene Manipulation teilweise verdrängen konnte (Angst, sich klein und hilflos fühlen etc.) wieder hoch. Sich dieser Gefühle bewusst zu werden, sie anzunehmen und damit überwinden zu können (= Mut) ist ein großer Schritt in Richtung Selbstbewusstsein und innerer Stärke und Würde.

Freiwilliges Folgen durch gegenseitiges Vertrauen

JEDES PFERD IST anders. Jeder Mensch auch. Jede Situation ist anders als die vorherige. Führung von Individuen durch Gleichmacherei (dem Wunsch, jeden gleich zu behandeln) kann nicht funktionieren. Es gibt keine Standardsituationen und damit keine Kochbuchrezepte. Im Führungskontext hat sich das Modell der »Situativen Führung« bewährt. Wir haben es

Situatives Führen

für unsere Pferdearbeit etwas abgewandelt – und erlebt wie brauchbar es ist, um Entwicklungsschritte zwischen Pferd und Mensch, aber auch den Entwicklungsstand von Führungsqualitäten erfassen zu können.

UNSER MODELL arbeitet mit den zwei Dimensionen:

- Beziehungsorientierung
- Aufgabenorientierung

VIELE MENSCHEN kommen aus einem Kontext zu uns, in dem das »alte mechanistische Denken« stark prägend war. Kontrolle, Angst vor Fehlern, Gebrauch von Machtmitteln sind die Begriffe, die sie mit Pferden verbinden. Auch so mancher Nicht-Reiter kennt diese Aspekte aus seinem Kontext. Zum Beispiel in Firmen, deren Unternehmenskultur noch von stark hierarchischen Werten geprägt ist und wenig Selbstverantwortung zulässt. Man mag auf den ersten Blick meinen, diese Ausrichtung wäre nur negativ. Doch sie hat gleichzeitig auch Vorteile: Sie gibt einen klaren Rahmen, eine eindeutige Zielvorgabe, überschaubare, kontrollierbare Rahmenbedingungen und ein konkretes Bild von »richtig« und »falsch«. Auch wir fangen in unserer Arbeit mit einer starken Aufgabenorientierung an. Denn egal, ob Anfänger oder junges Pferd: Beide benötigen für die ersten Schritte diese klare Zielvorgabe. Beide sind höchst motiviert und von sich aus freudig bei der Sache, nur können sie noch nichts. Wenn alle wichtigen Erfahrungen in diesen sicheren Grenzen gemacht, beobachtet und korrigiert worden sind, wäre es an der Zeit, sich weiterzuentwickeln. Wer jedoch auf dieser Stufe stecken bleibt, wird abhängig bleiben von den Anweisungen und der Anleitung anderer. Das Kreative, die Eigenständigkeit, werden sich nicht entwickeln, denn der Anfänger kommt gar nicht dazu, selber über das was er tut, nachzudenken. Alleine die irgendwann einmal gesetzten Richtlinien sagen, was richtig und falsch ist. Zum Beispiel: »Das Pferd wird immer von links geführt, man steigt immer von links auf und den Anweisungen des Reitlehrers ist Folge zu leisten.« Die Atmosphäre wird leicht zum »Ab-arbeite-Platz« – und zum Lachen: Bitte in den Keller! Freudlos, trostlos schwarz-weiß.

Motivationsorientiertes Zusammenspiel: Die Neugier als Basis für Aktionen

DENN: LANGEWEILE macht sich breit. Wer zwar immer noch wenig kann, jedoch nichts Neues in seinem Tun erfährt, bei dem sinkt die Motivation. Was fehlt, liegt nahe: Neugier, Spaß und Spiel. Wer sich das erlaubt, dem eröffnen sich neue Dimensionen im Prozess. So ist das auch mit den Pferden. Auf dieser Stufe darf gespielt, aber gleichzeitig nie die Aufgabe aus den Augen verloren werden! Die Anleitung bleibt weiter bestehen, ebenfalls die klaren Richtlinien von richtig und falsch, und auch der sichere Rahmen. Doch all das wird verknüpft mit der Erlaubnis zu kindlicher Neugier und dem Mut zur Eigeninitiative. Hier ist das Ausprobieren neuer Wege möglich ohne die Sicherheit des Rahmens verlieren zu müssen. Neue Erfahrungen werden nicht als Fehler bewertet, sondern es wird daraus gelernt! Gerade für die persönliche Reifung ist diese Stufe sehr wesentlich. »Das innere Kind entdecken«, die »leuchtenden Augen«, und Begeisterung für das Tun sind die Qualitäten, um die es hier geht. Daraus erwachsen Lebensfreude, Spaß am Tun und sehr viel Kreativität.

Irgendwann kommt der Zeitpunkt, wo Motivation gar keine Frage mehr ist. Auch das Können hat sich weiterentwickelt. Vieles geht leichter und präziser. Was fehlt jetzt?

VOR LAUTER BEGEISTERUNG vergessen manche ganz ihr Umfeld und die sie umgebenden Wesen. Auch Mitarbeiter und Chefs, die von einer Idee selbst so hellauf begeistert sind, merken gar nicht, dass sie aus ihrer subjektiv erlebten Faszination heraus andere überrollen. Auch Pferde auf dieser Stufe sind so: Ein lustiges Beispiel ist Drolly, die Norwegerstute: Nachdem sie den spanischen Schritt einmal gelernt hatte, zeigte sie ihn, sooft sie irgendwie konnte, auch wenn etwas völlig anderes von ihr gefragt war: Ständig und immer wieder nur der spanische Schritt...

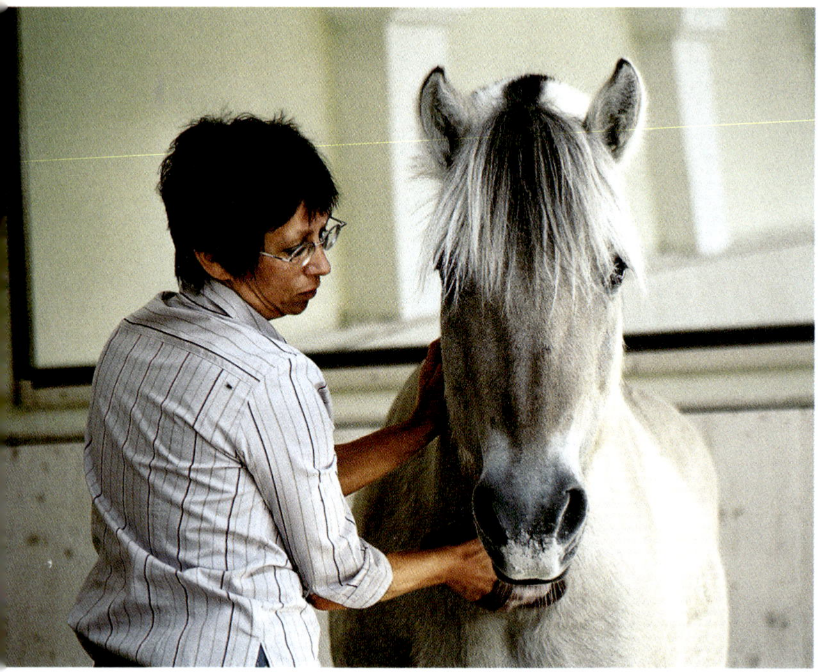

Kooperatives Zusammenspiel: Kontakt als Basis für Aktionen

HIER IST ES wichtig, die Begeisterung und Kompetenz zu behalten und gleichzeitig den Austausch, die Rückmeldung und das gegenseitige Wachsen aneinander zu stärken. Passiert das nicht, dann besteht die Gefahr, zurückzufallen in eine reine Abarbeitung von Aufgaben und somit in die erste Stufe. Denn das Bedürfnis, erkannt, gesehen und beachtet zu werden ist jetzt hoch. Fehlt eine gute Form von Beachtung und Würdigung der Person, dann erfolgt eine Art innerer Rückzug. Und um den wieder rückgängig zu machen, braucht es erheblich mehr an Aufwand, Kenntnis, Zeit, Sensibilität, und Repertoire als am Anfang. Korrekturpferde stehen zum Beispiel an dieser Stelle der Entwicklung. Bei Mitarbeitern wäre das vergleichbar mit innerer Kündigung –

und Reiter würden sich entweder über die Aufgabe in die Leistung »retten« – oder abspringen. Deshalb gab es übrigens früher längst nicht so viele Freizeitreiter wie heute, da die damals noch sehr stark militärisch geprägten Reitschulen eigentlich auf der ersten Stufe stehen geblieben sind und dieses Bedürfnis nicht erkannt haben. Ein Ausdruck dieser hohen Beziehungsorientierung könnte auch in gemeinsamen Unternehmungen, miteinander feiern und einfach die Würdigung aller Beteiligten sein. Auch Pferde können hier eine starke Beziehungspflege brauchen. Schöne Dinge miteinander tun: Ausreiten, miteinander spazieren gehen, Belohnungen (jenseits von Verführung) ... Die Liste lässt sich beliebig verlängern. Vielleicht fallen Ihnen noch weitere Möglichkeiten ein, Beziehung zu stärken! Mit Pferden oder Menschen.

Ergebnisorientiertes Zusammenspiel: Vertrauen als Basis für Aktionen

Sind Achtung, Akzeptanz und Kontakt gefestigt, dann ist die Voraussetzung für die letzte Stufe geschaffen. Die Kompetenz ist hoch. Die Motivation ebenfalls. Beides ist sogar »veredelt« in dem Sinn, dass die Identifikation mit der Sache von innen kommt. Der Reifegrad so weit gediehen, dass eigene Ideen einfließen und eigene Entscheidungen selbstständig getroffen werden können. Eigenständigkeit, Selbstverantwortung und Selbststeuerung sind Grundlage des Handelns. Die Kriterien und Rahmenbedingungen sind zwar immer noch klar abgesteckt, doch die Art und Weise des Ausführens bleibt dem eigenen Entscheidungsspielraum überlassen. Echte Delegation beinhaltet die Weitergabe der Verantwortung für den Prozess (nicht unbedingt für das Ziel, da sonst auch die Führung aus der Hand gegeben wird). Qualität, Sorgfalt und Vertrauen können im eigenen Wesen dann zum Vorschein kommen. Zwischen Mensch und Pferd braucht es nur noch wenige Impulse, sie sind ein eingespieltes Team. Beide wissen, was zu tun ist, und um was es geht. Manchmal bringt sogar das Pferd seine Form von Eigenständigkeit mit ein. Ein Beispiel aus der Praxis: Ein rein aufgabenorientiert geführtes Pferd würde während eines Ausritts in einen Sumpf hineingehen, wenn der Reiter es nur stark genug verlangt – und darin versinken.

Ein Pferd dagegen, das die aufgeführten Stufen durchwandert hat, würde niemals ein Sumpfgebiet mit dem Huf auch nur berühren. Auch nicht unter Zwang. Beides ist schon geschehen.

Wer sich 100%ig auf sein Pferd verlassen kann, hat diese Stufe erreicht! Wer sich 100%ig auf seine Mitarbeiter verlassen kann, ebenfalls. Doch wer jetzt nachlässig wird, macht einen entscheidenden Fehler. Bei allem Vertrauen und Loslassen gilt es, achtsam und durchlässig zu bleiben, um weiterhin situativ zu führen. Malen Sie sich selber aus, was aus einer nachlässigen Führung an dieser Stufe passieren könnte!

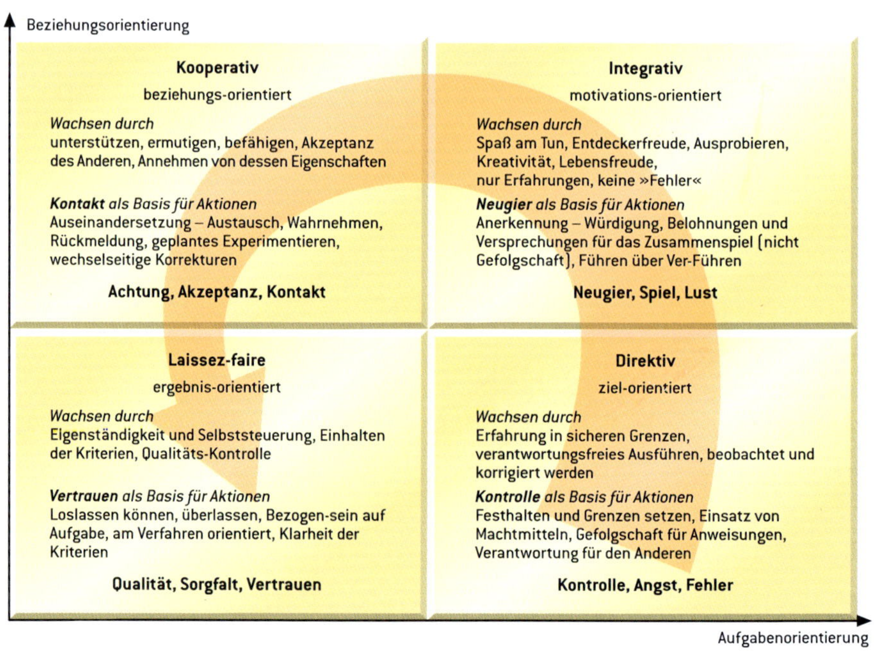

Für Nicht-Reiter

Ausprobieren

Vitalkreis

Machen Sie sich die Bedeutung des Vitalkreises bewusst und erleben sie seine Wirkung zusammen mit einem anderen Menschen, der Lust hat, mit Ihnen etwas Neues auszuprobieren. Stellen Sie sich eine große Blase um sich herum vor, der ihrem Vitalkreis entspricht. Nehmen Sie in Gedanken diesen Raum voll und ganz ein. Ihr Übungspartner stellt sich in großer Entfernung von Ihnen entfernt hin und nähert sich Ihnen langsam und aufmerksam. Wann spüren sie Ihren Partner? Wann spürt er Sie? Wann erreicht er eine Grenze, an der Sie ihn lieber anhalten lassen würden? Oder bleibt er vielleicht stehen, obwohl Sie ihn gerne näher hätten? Versuchen Sie ohne Worte Ihrem Partner klar zu machen, wann er stehen bleiben soll. Experimentieren Sie mit dieser Übung, indem Sie die Augen schließen, sich von hinten annähern oder sich von der Seite dem Vitalkreis Ihres Partners nähern. Nehmen Sie diese Übung Mensch – Mensch auch als Reiter vorweg, bevor Sie mit Ihrem Pferd arbeiten.

Zwei Menschen spüren ihre Vitalkreise.

Für Reiter

Immer wieder staunen!

Staunen

Gelungene Kommunikation hat man erreicht, wenn der Mensch durch das Pferd hindurch strahlt und umgekehrt. An dieser Stelle weiß der Mensch, der soweit gekommen ist, aber auch, dass es ein immerwährender Lernprozess

Wenn auch kleine Zeichen wahrgenommen werden, wird der Alltag spannend!

ist, der niemals aufhört, dass im täglichen Schulen der Achtsamkeit und der Werte sowie der eigenen Klarheit die Meisterschaft liegt. Ein wahrer Meister weiß um seine Meisterschaft nicht. Er ist nie fertig. Er wird nie sagen: »Ich bin fertig; ich brauche das nicht mehr!«

Üben Sie, Ihr Wesen bei allem was Sie mit Ihrem Pferd tun, durchscheinen zu lassen. Ein einfaches Anhalten wird Sie mit Freude erfüllen, wenn Sie zusammen mit Ihrem Pferd erscheinen. Während Sie Ihre Übungen im Roundpen versuchen, spielen Sie mit Ihrem Vitalkreis. Mit der Zeit wird das, was vorher noch schwer war und noch nicht gut klappte, Ihnen immer öfter leichter fallen. Ihr Pferd wird immer sensibler, motivierter und konzentrierter werden. Sie werden sich mit kleinsten Zeichen verstehen. Staunen Sie über sich und Ihr Pferd, wenn Sie die Harmonie spüren, nach der Sie sich immer sehnten und nehmen Sie auch das Staunen der anderen Menschen wahr, die Sie mit Ihrem Pferd beobachten. Sicherlich werden Sie das eine oder andere Kompliment bekommen, wenn die Harmonie sichtbar wird.

Feiern!

Üben

Vergessen Sie nie, auch schon nach kleinen Schritten, Ihr Pferd zu loben und Nähe durch Körperkontakt zuzulassen. Oft sagen wir immer nur was wir nicht wollen, aber nicht was wir wollen. Die Aufmerksamkeit sollte immer auf den richtigen Schritt gelegt sein, nicht auf das, was nicht geklappt hat. Feiern Sie Ihre Erfolge, Ihre Mühen und einfach auch nur Ihr Pferd. Üben Sie durch das Heranholen und durch das Wegschicken Ihres Pferdes immer wieder mit Nähe und Distanz umzugehen und mit Ihrem Vitalkreis zu spielen.

Feiern – auf ganz besondere Art!

Spiegel sein

Üben

Suchen Sie sich mit Ihrem Pferd einen ungestörten und umzäunten Platz. Nehmen Sie für diese Übung möglichst keine Hilfmsittel mit. Lassen Sie Leinen, Gerte, Strick zur Seite und versuchen Sie, alleine durch Ihre Körpersprache, Ihr Pferd in Bewegung zu setzten. Und laufen Sie mit ihm. Versuchen Sie verschiedene Körperhaltungen einzunehmen. Mal angespannt, festgehalten. Sie können sich dabei einen stramm marschierenden Soldaten vorstellen. Oder laufen Sie neben Ihrem Pferd im Froschgang her. Ein anderes Mal wieder laufen Sie extrem locker und schlaksig, dann wieder unlustig und schlurfend oder hinkend, nehmen Ihren Kopf mal hoch, mal runter. Beobachten Sie Ihr Pferd sehr genau. Wie und was spiegelt sich aus Ihrer Körpersprache bei ihrem Pferd wieder? Zum Schluss laufen Sie, indem Sie sich voll und ganz einbringen. Sie besinnen sich auf guten Bodenkontakt, richten sich über Ihren Atem zwischen Himmel und Erde aus, zentrieren sich in Ihre Mitte und lächelnd laufen Sie zusammen mit Ihrem Pferd durch die Welt. Wie geht es Ihnen, wenn Sie so oder anders laufen? Was verändert sich bei Ihnen? Wie verhält sich Ihr Pferd und was verändert sich bei ihm? Können Sie Unterschiede ausmachen? Auch minimale Unterschiede sind Veränderung und verdienen Beachtung. Schnell werden sie manchmal gar nicht wahrgenommen oder mit Aussagen wie: »Das war reiner Zufall!« oder »Das war doch gar nichts« abgetan. Glauben Sie an sich. Ihre Gefühle und Wahrnehmungen sind wirklich wahr. Wenn diese Übung gut klappt, können Sie sich an der folgenden versuchen.

Üben

Führen von hinten

Führung von hinten. Nicht ganz leicht! Diese Führposition ist eher aufgabenorientiert. Versuchen Sie es mal, Ihr Pferd von hinten zu führen. Bleiben Sie mit Ihrem Körper in Höhe seiner Kruppe, aber so, dass Sie noch im Blickfeld sind. Lassen Sie das Pferd durch möglichst minimale Körpersignale Ihrerseits gehen und anhalten.

Führung von hinten erfordert Klarheit!

Wenn Sie die Übung »Spiegel sein« gut beherrschen, müsste es Ihnen leicht gelingen. Falls nicht, dann können Sie auch jederzeit andere Führpositionen ausprobieren, um wieder hier zu beginnen.

Machen Sie eine Pause und wechseln Sie Ihre Position. Gehen Sie nach vorne auf Höhe des Kopfes und nehmen Sie Kontakt mit Ihrem Pferd auf. Probieren Sie aus, welche Bewegungen und Gedanken das Pferd bewegen, zu Ihnen zu kommen. Diese Führung ist beziehungsorientiert. Nehmen Sie dann die Position der Leitstute ein und lassen das Pferd hinter sich folgen. Es klappt nur, wenn Sie auch ohne Blickkontakt in Verbindung bleiben.

Aus der Praxis

Anschließend Sonderübung, Bedarf wurde von der Trainerin entdeckt. Die andere Teilnehmerin kam in den Genuss einer Vertrauens- und Kontaktübung zum Zusammenspiel: Pferd-Reiter, Hingabe – Akzeptanz – Kooperation, aufeinander eingehen. Jutta, ruhig im Wissen um ihr Tun, arbeitet mit Vorstellungen, Imaginationen, Ruhe und Kraft. Schön zu sehen, wie sich der Reiter von einer hängenden Haltung in eine aufrechte begibt, wie die Bewegung des Tieres sich in seine fortsetzt, wie sein Atem mit dem des Tieres konform geht. Hätte ich auch gern gehabt, war nicht mein Thema in kalter Halle, war gut zu sehen und zu akzeptieren, das es so ist. Ich stand im stillen Einverständnis mit mir und meinem Stand der Dinge, fühlte mich etwas erhoben, die Probleme habe ich nicht, bei mir funktioniert es doch, natürliche Leadership ... Hochmut kommt vor dem Fall.

Hinaus ging's mit Argentina an der Leine, in runden Käfig, Leine ab, nur ich und das Tier mit der Aufgabe, es zum Laufen, Stehen, Bewegen zu bringen ... mit meiner Energie ... wie ich dachte, reichlich vorhanden. Die Demo von Jutta war leicht und easy, no Problems, man muss nur etwas den verlängerten Arm bewegen und das Tier tut was man von ihm will, he,he.

Tja – und dann stand ich da, im umzäumten Rund. Ich und Pferd – es formte sich in mir ein Wille, wie ich dachte – jedoch im Tier ... keinerlei Bewegungen. Im Gegenteil, es gab deutlich zu verstehen, dass es lieber bei seinen Artgenossen wäre, anstatt die Zeit mit mir zu verbringen. Ich stand allein, mit dem, was ich für meinen Willen hielt, unbeachtet, trostlos, kein Interesse von dem doch von mir mittlerweile geliebten Tier. Treulose Tomate, ja, spürst du denn gar nichts? Ich versuche es aufs Neue, äh, ach, geehrte Frau Pferd, hätten Sie vielleicht die Güte eine kleine Bewegung zu vollziehen? Ich meine, ich würde ganz gern, wenn es Ihnen nichts ausmacht, schaden kann's doch nicht, ein wenig Bewegung ist doch gesund. Als rede ich mit der Luft, absolut kein Interesse.

Der Einsatz der Gerte bringt etwas Erleichterung in mein Tun, das Tier bewegt sich ... he, he, ja, es funktioniert, die Energie fließt....!!!???? Doch was ist das?

Mist, es steht schon wieder. Ja, krutzitürken, irgendetwas scheint da grundsätzlich nicht zu stimmen...

Das Gelächter der Beobachter außerhalb des Kreises bringt mich ins Tun zurück. Meine noch vor kurzem in mir gestandene Selbstsicherheit entschwindet, der kleine Junge stammelt: Aber wenn sie doch nicht will, warum soll ich sie dann zwingen? Jutta zeigt es mir, ich laufe hinter ihr her, sie ruft, hey, hey, lässt die Gerte hörbar durch die Luft sausen und das Pferd läuft, bleibt stehen, läuft, gerade so, wie ich es machen sollte. Nun denn. Ich versuche es allein, aha, man ruft etwas, lässt die Gerte hören, halb hinter dem Pferd stehend, und dann geht es. ...

Allein mit Tier und Gerte, Bewegungen wie die von Jutta ... nichts geht. Ja, was soll denn das? Eben ist es doch gegangen. »Deine Vorstellung von deiner Energie, Vonau«, hallt es in mir, »ist wirklich nur eine Vorstellung«. Da ist nichts, was nach außen drängt, spürbar wird, nichts.

Nicole kommt ins Rund, pass auf, ich zeige es dir, so geht dass. Sie steht neben mir, stampft mit den Beinen, ruft, und Argentina läuft, tut wie ihr geheißen, achtet auf Nicole etc. Ich bin kurz vorm Verzweifeln. Ein Teil in mir sagt, vergiss es, so was ist völlig außerhalb deiner Möglichkeiten, das hat doch keinen Zweck. Ich habe absolut keine Ahnung, wie das hier funktioniert.

Und überhaupt: Warum soll ich ein anderes Wesen, welches offensichtlich nicht die geringsten Ambitionen hat mit mir etwas zu unternehmen, zwingen, es doch zu tun? Mein ganzes Leben verlief bisher in diese Richtung, nie wirklich wissend, was ich wirklich will, von Kindheit an klein gehalten, du bist nichts, kannst nichts, aus dir wird nie etwas. Ich hatte mir zur Regel gemacht, das, was auf mich zukommt als das zu nehmen, was ich will. Und das lief gut. Erst in letzter Zeit ist eine Änderung am Wirken. Es bildet sich ein Ziel, ein Wollen, ein Weg. Ich entdecke das Bestimmen, Richtung angeben, nur das Werkzeug fehlt .Ein Wille entsteht, nein, ich gebe nicht auf, ich probiere es noch einmal. Versuche es mit allen Mitteln, schieben, zerren, zureden ... nichts.

Ok ... sie steht, ich stehe und jetzt ist mir alle Scheu egal. Ich beginne zu laufen, ok, Argentina, hey, hier bin ich, hey und ich will mit dir laufen. Mit ausgebreiteten Armen fließt meine Energie nach außen und das Pferd spürt den Vorgang und folgt den Spuren. Beginnt zu laufen, ich bin bei ihm, bleibe bei ihm, finde Spaß am Geschehen, hey, hey, und die Stute beginnt zu galoppieren, schneller und schneller. Ich steigere mich in einen Rausch, meine Energien übertragen sich auf das Pferd, seine auf mich. Den Mitarbeiter mit der eigenen Energie anstecken, ihm mit den gemeinsamen Zielen einen Wegweiser geben, eine Richtung, in dem Bewusstsein, es ist gut, es ist schön sich zu bewegen, es macht Spaß zu schaffen, zu erschaffen, zu sein, lasst uns etwas tun, gemeinsam...

Ich lasse die Energie schwächer werden und das Pferd hat Mühe aus diesem Zustand wieder herauszukommen. Es wird langsam langsamer, bleibt stehen, wir nähern uns an, ich möchte, dass es zu mir kommt, sie schaut nur. Mist, schon geht es wieder in mir los, sie will wieder nicht, was ich will. Die Angst sitzt wieder im Nacken, die Aufgabe nicht geschafft, nicht vollendet. Moment, Moment, was willst du? Sie soll kommen. Wie kannst du dich verständlich machen? Bewege dich auf sie zu. Ja, sie hebt den Kopf und schaut, ahnt etwas. Ich beobachte sie und mache noch einen Schritt. Ja, sie merkt mein Wollen und bewegt sich auf mich zu.

Wir treffen uns, meine Liebe fließt, den Hals und die Brust streichelnd: Danke, Argentina, es war schön mit dir.

Feedback von der Gruppe – Gelächter, wie du da gestanden hast, nicht aufrecht, in der Kraft, vornübergebeugt, bittend statt wollend. Kaum warst du aufrecht und es geschah ein bisschen was, schon fielst du wieder zusammen. Wir haben uns alle gefragt, ja, was will er denn vom Pferd? Wir wussten es nicht, ich auch nicht.

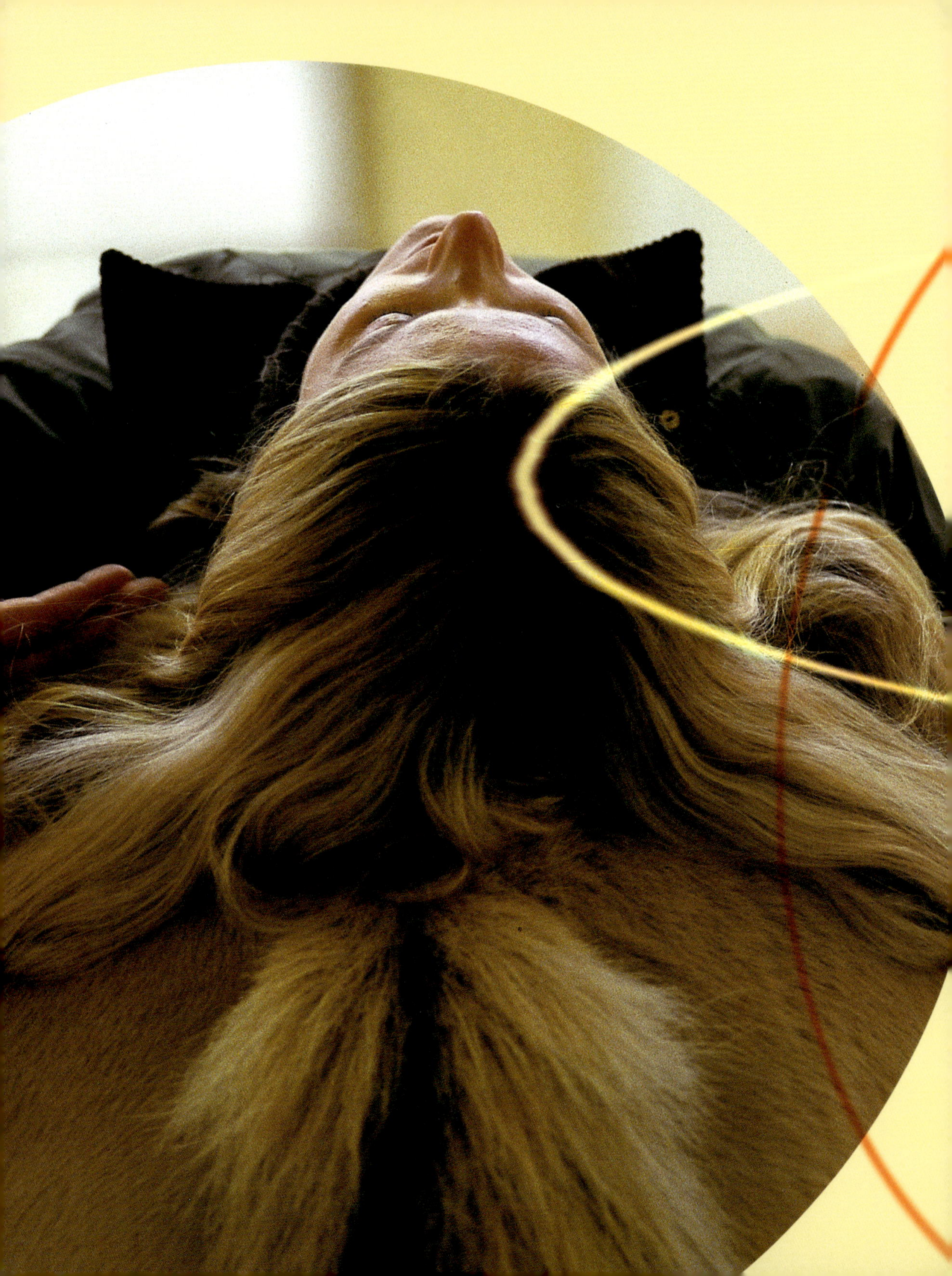

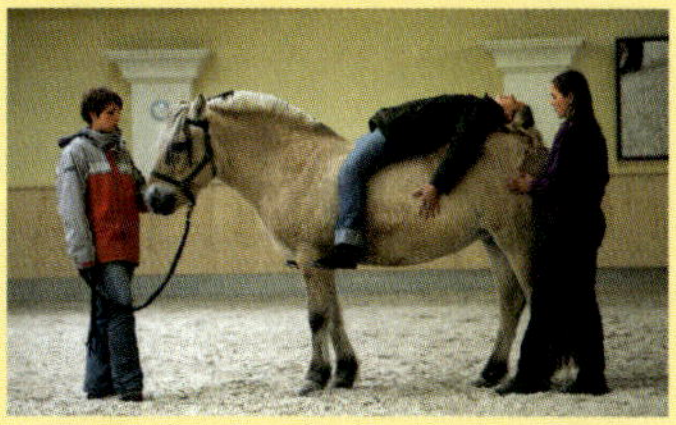

Pferde und Heilung

Öfter als man denkt, ist der Arzt schon da,

im Inneren des Menschen, dem man helfen will.

Anthony de Mello

IM UNTERSCHIED ZU den meisten Freizeitbeschäftigungen ist der Umgang mit dem Pferd eben deswegen ein ganz besonderer, weil es sich um ein Lebewesen handelt. Wie bei Hunden auch gehen Menschen dadurch eine Beziehung ein. Sich zugehörig fühlen, gebraucht zu werden, entspricht einem Urbedürfnis des Menschen. Während Menschen aneinander viel zu oft

Pferde als Heiler

etwas auszusetzen haben, nehmen Tiere den Menschen dagegen so an, wie er gerade ist. Das gibt ein Gefühl von »hier darf ich so sein, wie ich bin.«

IN WELCHEN KONTEXTEN erlauben sich Menschen schon, ihre Masken fallen zu lassen und das dahinter liegende zu offenbaren! Es scheint so zu sein, dass gerade Pferde dem Menschen ein Gefühl von Angekommensein vermitteln. Zumindest berichten das viele Pferdeliebhaber.

Pferde sind einfach so, wie sie sind.

Für den einen, der kopflastig und gestresst seine beruflichen Dinge tut, kann das Pferd ihm durch sein Da-Sein erlauben, abzuschalten. Für einen anderen ist es die Erlaubnis, er/sie selbst sein zu dürfen, ohne gesellschaftliche Masken und die Erfüllung von Rollenerwartungen.
Wieder für jemand anderen ist es die Freiheit, Weite, Vielfalt und Kraft der Natur, die als stärkend erlebt wird. Die Zugänge und Stärkungen sind vielfältig; doch egal, mit welchen Themen die Menschen zu den Pferden gehen: Jeder kommt mehr zu sich: Wenn er sich berühren lässt, ihr Tempo annimmt und eintaucht in diese andere Welt.

DORT IST DAS Pferd in jeder Sekunde Pferd. Echt und ursprünglich. Es macht sich keine Gedanken, wie es am besten wirken könnte. Und die Äußerlichkeiten der Menschen interessieren das Pferd auch nicht. Sie sind einfach echt. Und sie reagieren nur auf das, was gerade ist. Hinter den Masken der Höflichkeit und Angepasstheiten.

GLEICHZEITIG FORDERT das Pferd volle Konzentration, Achtsamkeit und Da-Sein vom Menschen. Und das in jeder Sekunde. Zwei, drei Dinge auf einmal zu tun, rächt sich schnell: Entweder verliert man den Kontakt zum Pferd oder es passiert ein Unfall oder das Pferd lenkt all seine Energie auf etwas völlig anderes, das die Aufmerksamkeit und Konzentration schnell wieder bündelt. Es ist ein ähnliches Prinzip wie bei Kindern.

VIELE VON UNS werden im Alltag zerrissen von unterschiedlichsten Anforderungen. Wem dann die eigenen Gedanken entgleisen und sich immer nur um Probleme und um sich selbst drehen, dem kann das Pferd helfen:
Der Umgang mit Pferden stellt die Übung für den Alltag dar, Achtsamkeit, Konzentration und gleichzeitig Gelassenheit und Freude jederzeit zu leben. Um dadurch gestärkt und kraftvoll wieder den Anforderungen des Alltags gewachsen zu sein.

WENN SIE NEBEN der Achtsamkeit mit sich und dem Pferd auch noch eine liebevolle Grundhaltung haben, bekommen Sie für das, was Sie geben, tausendfach etwas zurück. Und das ist schwer messbar. Aber fühlbar. Für jeden, der in eine solche Beziehung zu Pferden tritt.

VERHÄTSCHELUNG UND Vermenschlichung (»Oh, ist der süß heute« oder »Mein Pferd ist beleidigt und nachtragend«) dagegen sind das Gegenteil dieser Haltung: Solche vermenschlichenden und kindischen Interpretationen degradieren das Pferd zu einem Schmusetierchen. Das sind nichts anderes als Projektionen, die aus der eigenen Lebensgeschichte stammen, mit dem Pferd aber nicht im Geringsten zu tun haben.

WAS NOCH WICHTIG ist: Ein Ort, an dem Pferde sind, tut nicht per se gut. Er wird erst dann zu einem heilsamen Ort, wenn die Menschen das, was die Pferde anbieten, nehmen und zu würdigen wissen. Denn es gibt durchaus auch Orte, die sind eine Qual für Pferd und Mensch. Der Mensch trägt die Verantwortung, das Pferd begegnet ihm als Schöpfung.

UND FALLS SIE es immer noch nicht verstehen und erklären können, warum Pferde gut tun: Sie tun es trotzdem.

In Geborgenheit frei sein: Das ist eine Wohltat für Mensch und Pferd.

ATMUNG. ATEM. ATMEN. Ganz selbstverständlich atmen wir ein Leben lang. Ein und Aus. Wir können ohne Atmung nur wenige Minuten überleben. Der Atem begleitet uns ein Leben lang. Er erfüllt uns mit Leben und weckt in uns die Lebensgeister. Die Körperhaltung ist eng mit dem Atem verbunden. Erschreckt sich der Mensch, so ziehen sich seine Muskeln zusammen. Dann steckt er wie in einem Panzer – und ist unfähig zu agieren oder zu reagieren. Die Tatsache, dass der Atem auch willkürlich

Atmung und Entspannung

beeinflusst werden kann, ermöglicht es, durch gezielte und fein abgestimmte Atemübungen auf unser Wohlbefinden Einfluss zu nehmen. Wer in sicherer Umgebung gelernt hat, den Atem gezielt zu lenken, kann sich in Angstsituationen jederzeit über den Atem entspannen. Auch die Sprache eines Menschen wäre ohne den Atemausdruck nicht denkbar. Das gilt auch für seine Körpersprache. Letztlich entscheidet der Atem wesentlich mit über die Qualität einer Bewegung, eines Gedankens, eines Gefühls, eines Wortes. Nur wenn der Atem frei durch das so genannte »Körperhaus« strömt, ist ein Lebewesen physisch und psychisch beweglich. Dieses Prinzip gilt für Menschen und Pferde gleichermaßen. Als Pferdekenner brauchen wir nur an die Bewegungen eines dämpfigen Pferdes zu denken oder an ein ängstliches Pferd. Beide laufen »klemmig«, verhalten und sind schnell konditionslos. Sie entfalten keine Losgelassenheit, da der Bauchmuskel den langen Rückenmuskel verspannt. Die Schenkelhilfen kommen schlecht durch, das ganze Pferd erscheint müde und lebensunlustig. Dort, wo die Luft angehalten wird, kann weder Schönheit sich entfalten, noch Selbstwert. Die Atmung zeigt sich in vielfältiger Weise in ihrer Beziehung zur Bewegung, zu unserem Gefühls- und Seelenleben, zum Alltag in seiner Vielfalt und seinen Erfordernissen. Linda Tellington-Jones, eine begnadete Pferdefrau, erzählte in unserer Ausbildungsgruppe eine Geschichte über ihren Großvater. Sie erzählte (sinngemäß), dass sich viele Leute über das jugendliche Aussehen und die Vitalität ihres Großvaters wunderten. Wurde er darauf angesprochen, entgegnete er, dass er einzig und allein bewusst regelmäßig atme. Das sei das einzige Geheimnis seiner anhaltenden Jugendlichkeit und Vitalität.

WER AN ATMEN denkt, atmet automatisch tiefer ein! Dem Einatmen wird häufig von Laien viel mehr Aufmerksamkeit geschenkt als dem Ausatmen. Wer sich zu sehr auf das Einatmen konzentriert, gerät leicht in die Gefahr zu hyperventilieren. Darum ist es generell besser, sich auf ein langes, ruhiges Ausatmen zu konzentrieren. Das Leer-werden beruhigt Körper und Geist und durch intensives Ausatmen kann der Körper Schadstoffe besser ausscheiden.
Doch es gibt nicht wenige Sportreiter, die am Ende einer Reitprüfung vom Pferd fallen, obwohl sie einwandfrei geritten sind. Sie waren während des Reitens so angespannt und nervös, dass sie kaum noch geatmet haben! Passiert das Ausatmen in solchen angespannten Situationen nicht oder zu wenig, bleibt immer ein Rest von verbrauchter Luft in der Lunge übrig. Der Anteil des Kohlenmonoxid an der Atemluft wird beim ersten Atemzug vielleicht 1 % betragen, beim zweiten schon 2% – und so steigert es sich, bis der Reiter immer mehr ins Hecheln kommt, weil durch das Volumen der alten Luft immer weniger Platz für die neue Luft übrig bleibt. Auch Reitanfänger bei ihrem ersten Galopp halten häufig von Runde zu Runde die Luft immer mehr an. Wenn sie in den Vorübungen schon spüren, dass es los geht, verspannen sie sich. Diese Verspannung überträgt sich jedoch auf das Pferd. Seine Bewegungen werden härter. Dadurch fühlt sich der Reiter wiederum unwohl, was sich auf seinen Sitz auswirkt. Verspannung pur. Was ist zu tun?

Eine Übung der besonderen Art – mit dem Pferd atmen

WENN SIE DAS Buch aufmerksam durchgelesen haben, wissen Sie vielleicht, welcher Schritt jetzt wichtig ist. Anhalten (innerlich) – Ausatmen und mit dem Ausatmen »Alle Muskeln lösen und lockern sich jetzt gaaanz von alleine« denken.

... oder Rücken an Rücken, von Mensch zu Mensch

Das passiert vor allem Anfängern, die im Sitz noch nicht gefestigt sind. Aber auch fortgeschrittenen Reitern in neuen, höheren Lektionen. Gelingt zum Beispiel eine neue Lektion im Schritt schon ganz gut, wird sie im Trab für den Sitz vielleicht schon problematisch und im Galopp zeigt sich, dass vielleicht sogar eine Sitzschulung nötig ist, bevor die Lektion in Angriff genommen wird. Wer jetzt denkt, er muss wieder an den Anfang zurück, hat Recht und täuscht sich gleichermaßen: Es ist das zyklische Lernen (vgl. S. 25)! Wieder am Anfang, doch eine Stufe höher!

IN EINEM AUSBALANCIERTEN, losgelassenen Sitz, stabil und gleichzeitig beweglich ist die Atmung automatisch gut und tief. Sobald der Sitz nicht mehr ausbalanciert ist, wird sich die Atmung sofort verändern. Fortgeschrittene Reiter könnten das schon als Zeichen deuten, um wieder an ihrem Sitz zu arbeiten.
Um wirklich erleben zu können, wie Atmung vom Menschen auf das Pferd und umgekehrt wirkt, ist es spannend, sich einmal Rücken an Rücken auf ein Pferd zu legen (zwischen Mensch und Mensch ist das übrigens nicht weniger spannend!). Mit dem Pferd zu atmen, um es zu entspannen, kann ein wundervolles Erlebnis sein! Nichts bewusst tun, außer dem Atem zu lauschen. Die Atemräume erfahren. Brust-, Bauch-, Flanken- und Rückenatmung zu aktivieren. All das macht uns sensibler für den »Lebensodem«!

Im Atemholen sind zweierlei Gnaden, die Luft einziehen, sich ihrer entladen, jenes bedrängt, dieses erfrischt, so wunderbar ist das Leben gemischt.
Johann Wolfgang Goethe

VIELE MENSCHEN ERLEBEN bei den Pferden ein Stück Natur und Natürlichkeit – und so manch einer wünscht sich insgeheim, bei ihnen seiner eigenen inneren Natur näher zu kommen.
Aber belastet mit vielen zivilisatorischen Prägungen wissen sie gar nicht mehr, was ihre Natur eigentlich ist. Geschweige denn, dass sie an die Kraft ihrer eigenen Natur herankämen.

Natur und Natürlichkeit

In welchen Situation traut sich ein Erwachsener zu schreien, zu brüllen, zu wüten oder auf den Boden zu stampfen? Oder laut zu singen? Einfach nur seinen gegenwärtigen inneren Impulsen zu folgen?

DOCH JEDER MENSCH hat seine eigene, individuelle Ur-Natur. Seinen eigenen Rhythmus, seine eigene Art und Weise zu leben, zu denken und zu handeln, einfach zu sein. Nur, viele trauen sich das einfach nicht mehr (zu). Der Begriff »Natur« stammt vom lateinischen Wort »natura«. Das heißt »geboren werden«. Eine andere Überlieferung sagt: »Es ist ein aus sich selbst hervorbringen«. Sie müssen gar nichts tun. Die Natur ist ständig da – um Sie herum, in Ihnen selbst und scheint durch Sie hindurch. Das wird viel zu oft in Diskussionen über die Natur vernachlässigt: Wer über die Natur spricht, impliziert, dass er von ihr getrennt ist. Doch »Natur« findet niemals außerhalb von uns Menschen statt – wir sind Natur und nicht nur »ein Teil von ihr«! In jeder Sekunde. Und als natürliche Wesen sehnen wir uns in unseren zunehmend künstlich erzeugten Wirklichkeiten nach einer ursprünglichen Natürlichkeit oder nach dem, wovon wir glauben, dass es authentisch/natürlich sei, zurück.
Jenseits naiver Naturschwärmerei gibt es ein tiefes Bedürfnis des Menschen zumindest zeitweise zu diesem Ursprung zurückzukehren.
Die Alltagswelt mit ihrem Lärm, der Hektik, dem Arbeitspensum, den Besprechungen, dem Verkehr, mit Telefon, Handy, E-Mails, Computer, Fernseher, Zeitschriften, CDs, diese Menge, dieser Überfluss an täglichen Informationen und die ständige Erreichbarkeit halten den Menschen auf Trab. Nur ja keine Ruhe! Wer sich entspannen will, hetzt ins Fitness-Studio, trifft sich mit Freun-

den, geht ins Kino, ins Theater, ins Konzert, wer Urlaub hat, macht intensiven Aktivurlaub, und, wenn es geht, dann auch noch eine kurze Städtereise so zwischendurch ... Für Muße, Müßiggang oder gar Faulheit hat dieses Leben keinen Platz. Äußere Zerstreuungen können zwar wunderbar ablenken, doch die vielen Informationen wollen aufgenommen und verarbeitet werden. So ist man ständig in Bewegung, ständig dabei, von einem Ort zum anderen zu hetzen, nie wirklich ankommend. Und so lange immer wieder etwas von außen einströmt, wird der Mensch nicht wirklich zur Ruhe kommen.

Würden wir uns immer so geben wie die Natur, dann wären wir auch so reich wie die Natur.
Johannes Müller

DIE NATUR DAGEGEN hat ihre Rhythmen und Zyklen. Im Wechsel zwischen Frühling, Sommer, Herbst und Winter, Tag und Nacht, Kälte und Wärme erscheint sie einerseits gleich, aber sich dabei ständig erneuernd. Dem aktiven Vorgang des Erwachens im Frühling, des Blühens im Sommer folgt der Rückzug im Herbst und das Schlafen im Winter. Alles zu seiner Zeit. Sobald wir in die Natur gehen, erinnert sich etwas in uns daran. An diesen natürlichen Rhythmus. In der Natur kommt der Mensch wie von alleine zu sich. Sie ist einfach und macht den Menschen nie »voll« von etwas (im Sinne von »zu viel«), sondern sie erfüllt ihn.

Mal wieder kindlich zu sein hat mit kindisch nichts zu tun!

UND SO ZIEHT es Menschen immer wieder in die Natur, oft auch zu ganz bestimmten Orten in der Natur, an denen sie zu sich kommen. Indem sie dem Rauschen eines Baches zuhören oder auf das Meer und den Horizont hinausblicken oder auf dem Gipfel eines Berges stehen. Alleine und doch geborgen. Diese Sehnsucht nach Natürlichkeit zieht die Menschen auch zu den Pferden.

Eine der größten Motivationen, reiten zu beginnen, liegt in dem Wunsch auszureiten, der Natur damit wieder näher zu kommen. So manche Pferdeställe sind allerdings vom Einfachen und Natürlichen weit entfernt – und damit trübt sich das Bild. Es muss wirklich nicht jeder selbst Pferdeäpfel misten, der mit Pferden zu tun haben will.
Aber wer Pferde nur zum Reiten nutzt, und dabei das Putzen, Füttern, Misten, Kehren, Schubkarre fahren, Heu holen, Reitplatz ebnen, Koppel pflegen, etc. grundsätzlich ausspart, der spart einen wesentlichen Teil von der Pferde-Natur ebenfalls aus. Und damit verschenkt er ein Teil der eigenen Lebendigkeit.
Wer das Pferd nur nutzt, degradiert es zu einer Maschine. Doch selbst dann bewahrt die Kreatur Pferd einen Teil ihrer Natürlichkeit. Dem Geruch von Pferdeschweiß kann man beim Reiten nicht entgehen. Das Schnauben und Prusten eines sich lösenden Pferdes kann man nicht überhören. Man kommt auch nicht darum herum, den Pferdeleib zwischen den Beinen zu spüren. Das Pferd ist ein Bindeglied zwischen der vom Menschen gestalteten Welt und der archaischen, triebhaften Natur, der wir ja ebenfalls auch noch angehören.

Misten – oder der Alltag als Übung!

Wer sich mit und durch Pferde erfährt, sensibilisiert sich für diese anderen Lebewesen und auch für seine innere Natur. Das Pferd bietet Rhythmus: Wer auf seinem Rücken sitzt, getragen und geschaukelt, der wird ganz subtil erinnert an das Getragenwerden als Baby (vielleicht noch im Mutterleib). Übrigens werden sehr kleine Kinder auf dem Rücken von Pferden ganz ruhig und schlafen sogar ein. Erfolgreich wird diese tiefe Form von Entspannung schon seit Jahren in der Therapie von Behinderten eingesetzt. Durch den Rhythmus, der aber nicht gleichseitig und nicht gleichzeitig ist, werden Koordination, Gleichgewichtssinn und Feinmotorik geschult.

PFERDE SIND SCHÖN! Sie sind anmutig. Sie sind groß, stark und schnell. Sie berühren etwas ganz tief im Inneren von uns Menschen. Das können Sie erleben, wenn Sie einmal in die Augen eines Pferdes blicken.
Etwas für ein anderes Lebewesen tun. Ein anderes Lebewesen umsorgen, sich kümmern und ihm etwas Gutes tun. Das entspannt, bringt ins Hier und Jetzt und gibt Sinnerfüllung. Der Mensch fühlt sich gut, weil er körperlich sinnvoll belastet wurde. Sich zu spüren in der Natur und in der »ganz banalen« Natürlichkeit des Lebens führt auf Wesentliches zurück. Durch die Magie der Einfachheit vergisst man für kurze Zeit seine Probleme und Sorgen. Man »kommt runter«, und vergisst Zeit und Raum. Pferde sind ein zeit-intensives Hobby. Gerade deshalb hat es sich gegen Stress bewährt. Wer sich entscheidet, bei Wind und Wetter draußen, an der frischen Luft, zu sein, erlebt gerade als Stadt- und Büromensch die Jahreszeiten intensiv. Er spürt den Regen auf der Haut, den Wind in den Haaren, die Sonne im Gesicht, verbunden mit Frieren, Schwitzen, Nasswerden und vielleicht sogar den ein oder anderen Muskelkater ...

Und was sehen Sie in diesem Auge?

Das Zusammensein mit Pferden ist mehr als ein Sport, wenn es zu einer Begegnung wird. Dann kann daraus sogar eine Partnerschaft entstehen zwischen Tier und Mensch.

Für Nicht-Reiter

Praxis

Sich fallen lassen

Für diese Übung brauchen Sie einen Partner, dem Sie sich anvertrauen können und wollen. Suchen Sie sich einen ungestörten Platz, möglichst in der Natur, oder zumindest an einer Stelle, bei der Sie den Himmel sehen können.

Einer von Ihnen setzt sich in den Schneidersitz, der andere setzt sich, Rücken an Rücken hinter ihn und macht die Beine lang. Derjenige im Schneidersitz hat nun die Aufgabe, den anderen die nächsten 5 – 10 Minuten »auf seinen Rücken« zu nehmen, indem er sich ganz klein macht und zusammenklappt. Er soll als »Wächter der Zeit« den anderen von dieser Pflicht entlasten. Während der andere sich einfach nur gegen den sich immer mehr zusammenfaltenden Partner lehnt, sein Brustbein öffnet, sich fallen lässt und nichts weiter tun muss, als diese Öffnung, dieses Da-sein zu genießen! Die Atmung wird von alleine tiefer und kann sich, je mehr Sie sich öffnen, im gesamten Brust- und Bauchraum entfalten. Denken Sie an einen Ort, an dem Sie jetzt gerne sein würden – und: Entspannen Sie! Sie müssen jetzt nichts tun – niemand will etwas von Ihnen.

Sich fallen lassen ist gar nicht so einfach!

Jetzt beginnt die Entspannung.

Sie dürfen sich einfach noch mehr fallen lassen und genießen! Nach der vereinbarten Zeit tauschen Sie die Rollen.

Für Reiter

Zeit(en) für sich

Ausprobieren

Genießen Sie doch einfach mal die Zeit mit Ihrem Pferd. Das tun Sie eh, sagen Sie? Was halten Sie davon: Gehen Sie doch mal gemeinsam, vielleicht sogar im Gleichschritt spazieren. Schauen Sie ihm beim Fressen zu, leben Sie mit Ihrem Pferd! Genießen Sie es, sich einfach mal tragen zu lassen, ohne etwas Bestimmtes zu tun, zu wollen oder mit Ihrem Pferd arbeiten zu müssen. Lassen Sie sich einfach fallen. Und lassen Sie sich dann überraschen, ob und wenn, ja, was vielleicht von ganz von alleine entsteht. Üben Sie sich einfach darin, zu sein, anstatt zu tun! Eine solche Stunde zwischendurch kann im Alltag so viel Kraft und Energie geben wie ein kleiner Urlaub! Falls Sie einen ganzen Tag übrig haben: Lassen Sie die Uhr zu Hause und vertrödeln Sie ihn. Die besten Ideen sind oft im Müßiggang entstanden!

Es gibt viele Wege ...

Ausprobieren

Freies Putzen

Nehmen Sie sich Zeit und Ruhe beim Versorgen Ihres Pferdes. Lässt sich Ihr Pferd gerne putzen? Kennen Sie Stellen an seinem Körper, die es ganz besonders gerne von Ihnen anfassen und putzen lässt? Wissen Sie, wo und auf was ihr Pferd empfindlich reagiert? Lässt sich Ihr Pferd so gerne von Ihnen anfassen, dass es ohne angebunden zu sein zum Putzen bei Ihnen bleibt? Versuchen Sie es einfach mal! Legen Sie (in sicherer Umgebung z. B. in Round Pen) Ihrem Pferd ein Halfter an und lassen sie den Strick zu Boden hängen. Das sichtbare Zeichen für Halt. Sie können das Pferd, falls es nicht stehen bleibt, durch den Strick immer wieder korrigieren, damit es nicht wegläuft. Lassen Sie sich ganz und gar auf die Bewegungen und Berührungen des Putzens ein. Verlangsamen Sie das Tempo. Nehmen Sie Ihren Atem bewusst wahr. Wenn Sie jetzt weder schnell fertig werden wollen, noch ein Arbeitspensum glauben bewältigen zu müssen, sind Sie schon auf dem richtigen Weg. Wenn Sie es dann noch schaffen, dass die Meinung der anderen Sie gerade nicht interessiert, dann werden Sie sehr schnell zum Dreamteam in Ihrem Stall! Mit Pferden, die von Anfang an wenig Mühe mit dieser Übung haben, können Sie den Schwierigkeitsgrad steigern, indem Sie die Übung auf die Koppel verlagern, ohne dass Ihr Pferd dabei beginnt zu fressen.

Putzen kann auch Spaß machen!

Aus der Praxis

Später begriff ich, es ist die eigene Begeisterung, die aufs Tier übertragen, von ihm wahrgenommen wird. Go for it! Mit allem, was da ist. Das momentane Thema meines Lebens. Nicht länger passives Ertragen und stilles Tun, sondern aktiv, der Wille, das Bewusstsein, etwas bewegen wollen. Ich habe gesehen, es funktioniert, ich kann, wenn ich will!
I got the power, if I want it!

Aufhören, wenn's am schönsten ist …

Kaum sind wir heimisch einem Lebenskreise
Und traulich eingewohnt, so droht Erschlaffen,
Nur wer bereit zu Aufbruch ist und Reise,
Mag lähmender Gewöhnung sich entraffen.
Hermann Hesse

DAS LETZTE KAPITEL dieses Buches. Schön, dass Sie uns bis hierhin gefolgt sind. Da der Beginn einer Unternehmung etwas Besonderes ist, haben wir dem Anfang ein eigenes Kapitel gewidmet. Und so soll es mit dem Ende auch sein.

Die Kunst des Aufhörens

ERINNERN SIE SICH auch an Situationen aus Ihrer Kindheit, in denen eine bestimmte Zeit zur Neige ging? Wie die Ferien, ein Urlaub, eine schöne Zeit mit Freunden, ein letzter Ausritt vielleicht – und jeden Moment, als das Ende näher kam, wurden die Augenblicke und die Gefühle intensiver.

Abschiede berühren die Menschen. Manchen fallen sie leichter, manchen schwerer, manche sind voll Wehmut, manche eher gefüllt mit Abenteuerlust auf das Neue, das auf sie wartet. Jeder erlebt Abschiede anders. Und doch haben alle Abschiede etwas Gemeinsames: Das Loslassen.

Manchmal ist auch Trauer dabei. Unsere Gesellschaft hat wenig sinnerfüllte und damit tragfähige Rituale für Abschied und Trauer zu bieten: Auch der Tod, der große Abschied, fast schon ein Tabu, wird oft leichtfertig ins Krankenhaus abgeschoben.

Schon kleine Abschiede werden entweder gerne »mal schnell erledigt« oder sentimental aufgeladen. Man gibt sich die Hand, Bussi hier und Bussi da – oder umarmt sich noch einmal. Routiniert. Denn: Wir sehen uns ja wieder!

Wirklich? Wie oft gehen wir ganz selbstverständlich davon aus, dass alles so bleibt, wie es jetzt ist! Wären wir uns der Vergänglichkeit bewusst, würden wir sicher so manchen Moment in seiner Einzigartigkeit und Unwiederholbarkeit besser schätzen.

DIE FOLGENDE FRAGE klingt vielleicht makaber, doch sie bringt Wesentliches auf den Punkt:

Wie würden Sie reiten, wie Ihrem Pferd begegnen, wie Ihrem Partner, Ihren Kindern, Ihren Mitarbeitern, Ihrem Chef, wenn Sie wüssten, dass Sie nur noch drei Tage zu leben hätten?

Durch die Limitierung der Zeit werden Prioritäten schnell klar. Was und wer ist eigentlich wichtig? Und, ein wesentlicher Punkt, auf den wir hinaus wollen: Die Qualität der Zeit wird eine andere. Die Begegnungen werden ehrlicher. Die Einzigartigkeit des Augenblicks wird spürbar. Das Wertvolle jedes einzelnen Menschen scheint auf. Vielleicht kann nicht jeder mit dieser Fragestellung etwas anfangen. Doch damit wird vielleicht klar, um welche Qualität des Augenblicks es geht oder gehen kann, in Momenten des Abschieds.
Übrigens ist meist dann, wenn das Pferd und der Mensch sich richtig wohl fühlen, oft genau der richtige Moment, um aufzuhören. Aber auch wenn es mal nicht so klappt, hören Sie trotzdem ohne Groll auf. Es darf auch mal schlechte Tage geben!

Es ist wichtig, eine gute Form des Aufhörens zu finden.

UM MIT ABSCHIEDEN bewusster umzugehen, können wir an und mit den Pferden üben. Sie haben im Gegensatz zu uns Menschen einen Vorteil: Sie fordern und brauchen keine gesellschaftlich ritualisierten Abschiedsformen von uns. Und deshalb bieten sie die Möglichkeit, uns selbst in das Verabschieden einbringen zu können, jenseits von dem, wie wir es als richtig gelernt haben. Wir können uns erlauben, jedes Mal wieder neu unseren inneren Impulsen zu folgen, und unsere eigene Art zu finden, sich zu verabschieden.
Hier können Sie sich selbst auf die Spur kommen, was Ihnen eigentlich wichtig ist: Ehrlich vor sich selbst können Sie austesten, um Ihren Abschied so gestalten, wie Sie sich gerade fühlen, und was Ihnen im Augenblick wichtig erscheint.

Lieber lang und ausgiebig, oder kurz und schnell, der Freude durch Berührung Ausdruck verleihen oder aber die Wehmut im Alleinsein. Wichtig ist immer wieder der Respekt vor sich und der Kreatur Pferd. Sind Sie vielleicht beleidigt, wenn das Pferd Ihre Streicheleinheiten ignoriert und einfach so weggeht? Oder stehen Sie wehmütig an der Box und lassen ungern ihr Pferd zurück? Wer es verpasst, sich innerlich dem anderen zuzuwenden um das, was war, zu würdigen, dem fehlt natürlich etwas, wenn der andere geht. Wer dagegen den anderen (innerlich) nochmal kurz würdigt, der kann ihn ohne Probleme ziehen lassen. Und dann freuen Sie sich mit dem Pferd, wenn es im gestrecktem Galopp zu seinen Freunden zurückkehrt!

Danke!

Ihre Muster von Festhalten und Loslassen kommen hier zutage! Und wer erkennt, dass es viel mehr Möglichkeiten gibt, um »Tschüss« zu sagen, fängt vielleicht mit dem Experimentieren an. Neugierig sein auf sich und andere gibt auch dem Abschied selbst wieder eine neue Facette, die sehr bereichern kann!

Bei allem Loslassen nehmen Sie bei jedem Abschied auch etwas mit. Was, das hängt viel von Ihnen ab. Wenn Sie sich ärgern, dass die Zeit schon um ist, verpassen Sie vielleicht den Moment, in dem die letzten Sonnenstrahlen auf ein Blatt scheinen. Solche kleinen Momente können im Gedächtnis haften bleiben und machen diesen Abschied etwas schöner.

Abschiedsrituale

Hier geht es um das Beenden einer gemeinsamen Zeit. Beobachten Sie nach Ihrem Abschiedsritual, wenn Sie aus der Situation wieder bewusst herausgehen, Ihr Pferd und sich. Wie haben Sie miteinander gearbeitet? Wie gut waren Sie verbunden? Was nimmt jeder für sich mit? Hier schaut Rossini in die gleiche Richtung wie Ria. Entdecken Sie, was Sie für sich mitnehmen. Jeder Abschied birgt durch die gemeinsame Zeit ein eigenes Juwel für Mensch und Pferd in sich.

Ausprobieren

Eine gute Beziehung zeigt sich in der Kunst des Loslassens und Vertrauens.

Abschied als Experiment

Nehmen Sie bewusst wahr, wie Sie sich von Ihrem Pferd verabschieden. Vergleichen Sie Unterschiede zwischen den verschiedenen Formen des Abschieds, z.B. Verabschieden auf der Koppel zu Artgenossen, in die Box ohne oder mit Futter, aus der Reitstunde mit Schulpferden, nach der Zeit, die Sie zusammen verbracht haben, mit Putzen oder Reiten.

Und vergleichen Sie Unterschiede, die durch Ihre per-

Ausprobieren

... und tschüss!

sönlichen Gedanken und Stimmungen verursacht werden. Thomas bringt das Pferd wieder in die Herde. Drolly wendet sich von Thomas ab, ihre Ohren sind jedoch noch aufmerksam nach hinten gerichtet. Thomas geht ebenfalls von ihr weg, ein letzter Blick streift seinerseits Drolly. Beide gehen wieder in Ihre eigene Welt zurück. Beide nehmen aber ein Stück der gemeinsamen Zeit und Erlebnisse mit: ihr Juwel!

Aus der Praxis

Was ich noch mitnehme, ist die Einsicht, dass auch der Mensch ein Herdentier ist, mit entsprechenden Strukturen. Es gibt Leader und es gibt Menschen, die sich gern leiten lassen ... und der Leader hat die Verantwortung. Wenn er aus ihr die Kraft schöpft, seine Mitarbeiter im Bewusstsein eines Zieles in Bewegung zu setzen, so schafft er nicht nur für sich und das Ziel ein positives Klima, sondern auch für seine Mitarbeiter. Seine Energie überträgt sich als Motivation, in Gang gebracht, partizipiert er an den so gelösten Energien. Ein Zustand, den man als Win-Win-Situation versteht. Jeder gewinnt.
Und das nach einem einfachen Tag mit zwei Übungen mit den Pferden. Diese Welt ist schon ein wunderbarer, verrückter Platz voller Überraschungen und Leben.

Vielen Dank an Nicole, die mir diesen Tag ermöglicht hat, vielen Dank an Jutta, die mir gezeigt hat, dass die Konzentration auf einen Punkt, über diesen Punkt hinaus (Pferde), andere Welten (Mensch) öffnet und beide zu verstehen lehrt, vielen Dank an die anderen Teilnehmer, die mir durch ihr Feedback gezeigt haben, jeder hat seine Stärken und Schwächen, es ist nichts Schlimmes, wenn man damit umzugehen weiß und ich danke Argentina, mit dem weichen Fell, die so viel Geduld mit einem Greenhorn aufgebracht hat.

Artgerechte Haltung

Wird es Pferden ermöglicht, artgerecht, also im Sozialverband (einer Pferdeherde), möglichst im Offenstall zu leben, sind sie ausgeglichen und kommen ihrer Natur am nächsten: So bleiben sie psychisch wie physisch gesund. Da unterschiedliche Rassen unterschiedliche Bedürfnisse (Futterbedarf, Wärmehaushalt, Bewegungsdrang...) haben, muss der

Ein (Nach-)Wort über Pferde

Mensch bei einer rassenvielfältigen Herde regulierend einschreiten. Er sollte jedem einzelnen Tier in seiner Art und Herkunft gerecht werden und das Leben der Herde so vielfältig und aufregend wie nur möglich gestalten. Büsche und Hecken, die das Pferd umrunden muss, bevor es ein Geräusch erkennen kann, unterschiedliche Fress-, Sauf- und Schlafplätze, aber auch ein paar ungewohnte Dinge (zum Beispiel ein großer Ball oder Gegenstände aus Plastik im Auslauf) gibt den Pferden Möglichkeit, aufregende Dinge zu erleben, sie zum Spielen und Erforschen animieren.

SO BLEIBEN DIE Pferde lebendig und interessiert. Da ist Ideenreichtum in der Haltung und in einer sinnvollen Aufgabenstellung im täglichen Miteinander besonders gefragt.

IN BOXEN GEHALTENE Pferde verarmen leicht, wenn sie abgeschottet stehen und kaum Kontakt mit der Umwelt oder / und ihren Artgenossen haben. Manche verlernen sogar ihre Sprache und natürliche Verhaltensweisen.
Außenboxen und niedrige Zwischenwände ermöglichen ihnen wenigstens einen gewissen Kontakt zur Umwelt und zu ihren Stallkameraden. Schön wäre es, wenn der Mensch dabei auf Freundschaften unter den Pferden eingeht und nicht gerade zwei nebeneinander stellt, die ihre gegenseitigen Antipathien aushalten müssen.
Für jemanden, der wenig Kontakt mit Pferden hat, ist es mit in Boxen gehaltenen Pferden schwieriger, Kontakt aufzunehmen. Boxenpferde reagieren in

der Regel schreckhafter auf ihre Umwelt und erscheinen weniger ausgeglichen. Dadurch wird wiederum die Hemmschwelle beim Menschen größer und das Vertrauen ins Pferd geringer. Darüber hinaus kommt das stundenlange Stillstehen dem Bewegungstier Pferd nicht entgegen. Durch den Herdenverband im Offenstall können sich die Pferde dagegen aussuchen, ob sie lieber draußen, in Sonne, Wind, Regen oder drinnen, geschützt, stehen. Sie können selbst entscheiden, ob sie alleine, zu zweit oder mittendrin stehen, ob und mit wem sie gerade spielen, rangeln oder Fellpflege betreiben möchten. Der Vorteil: Aggressionen werden nicht mehr so stark am Menschen ausgelebt.
Natürlich gibt es beim Eingewöhnen neuer Herdenmitglieder in eine bestehende Herde auch Blessuren, aber wenn der Mensch den neuen Artgenossen stufenweise, (erst auf zwei Koppeln nebeneinander, dann mit den Rangniedrigsten zusammen, danach alleine mit dem Leittier und zuletzt erst mit der ganzen Pferdeherde auf einer genügend großen Fläche) und wachsam beobachtend einführt, dann wird in den meisten Fällen nichts passieren. Und wenn doch mal die ein oder andere Blessur eingesteckt werden muss? Blessuren, Kämpfe und Auseinandersetzungen gehören zum Leben und auch zu einem »normalen« Pferdeleben.

Fütterung

Auch eine artgerechte Fütterung ist ausschlaggebend für die Ausgeglichenheit des Pferdes. Darüber gibt es viele Bücher, Meinungen und Ansichten. Vertrauen Sie einerseits auf Ihren Menschenverstand – doch vermeiden Sie es, menschliche Bedürfnisse als Maßstab zu nehmen. Genauso wenig sollten Sie menschliche Wärme- und Kälteempfindungen auf Pferde übertragen. Machen Sie sich klar, aus welcher Region Ihr Pferd – evolutionsgenetisch betrachtet – kommt, wo es jetzt lebt, wie es gearbeitet wird und dass Pferde grundsätzlich krank werden, wenn zu viel Abwechslung auf dem Speiseplan geboten wird, wenn sie zu schnelle Futterumstellungen bewältigen müssen und wenn die Futterration nicht auf wichtige Grundelemente wie Eiweiß, Kalzium, Vitamine und Mineralien ausgewogen abgestimmt wurde. Einfache Grundfuttermittel in hoher Qualität sind immer richtig. Gute, gepflegte Weiden, gutes Heu und Stroh, Möhren, Äpfel, gutes Getreide und Zusätze zum Mineral- und Vitaminhaushalt sowie zur Leistung. Nur gesunde Pferde können pferdegerecht und natürlich reagieren!

Die Autorinnen

Nicole Truckenbrodt

Diplompädagogin, professionalisiert in Coaching/Supervision am Institut für systemische Beratung, Wiesloch. Diverse Fortbildungen in lösungsorientierter Kurzzeittherapie (Steve de Shazer), systemischem Coaching (Gunther Schmid), Gewaltfreier Kommunikation (Marshall Rosenberg), NLP (Karten Ritschl und Richard Bandler). Lizenz im M.B.T.I., langjährige Reiterin, Fortbildungen in: Reiten aus der Körpermitte und Heilpädagogischem Reiten.

Arbeitsschwerpunkte:

Einzelcoachings, Teamentwicklung, Führungskräfte-Entwicklung. »Klassische« Seminare (Schwerpunkte: Stress, Selbstmanagement, Motivation durch Begeisterung / Faszination), Organisationsberatung.
Seminare und Coachings mit Pferden.

Truckenbrodt Development
Tal 15 · 80331 München
Tel.: 0 89 / 69 37 38 50
Fax: 0 89 / 69 37 38 51

kontakt@truckenbrodt-development.de
www.kontakt@truckenbrodt-development.de

Jutta Fiegler

Ausgebildet im FS-Reit-Zentrum bei Ursula Bruns und Jochen Schumacher, Linda Tellington-Jones, Rolf Becher. Fortbildungen bei Claus Penquitt, Jean-Claude Dysli, Marc de Briossia, Richard Hinrichs, Klaus Albrecht und Klaus Kritsch (Oberbereiter der Wiener Hofreitschule). Seminare für Persönlichkeitsentwicklung und Selbsterfahrung.
Aufbau und Leitung des Reit- und Seminarzentrums: »Reiten ist Leben« auf Gut Westenried in Eberfing.

Arbeitsschwerpunkte:

Freiberufliche Arbeit im In- und Ausland in der Pferde-Ausbildung (klassische Dressur und Lektionen aus der Zirkusarbeit). Als »etwas andere« Reitlehrerin gibt sie seit 1987 Reitkurse (Spezialgebiet: Grundlagenschulung und Angstbewältigung) und Kurse für das Arbeiten vom Boden: Freiarbeit, Bodenarbeit, Zirkuslektionen, Longenarbeit, Arbeit an/zwischen zwei Hand/Händen, Seminare für Führungskräfte.

Reit- und Seminarzentrum · Reiten-Ist-Leben
Gut Westenried · 82390 Eberfing
Tel: 0 88 02 / 91 38 91

fiegler@reiten-ist-leben.de
www.reiten-ist-leben.de

Literaturverzeichnis

Doppler, Klaus; Lauterburg, Christoph:
Chance Management.
Den Unternehmenswandel gestalten.
Campus, Frankfurt am Main 2002

Lebherz, Heike: Just fun.
Reitkurs für Erwachsene. BLV, München 2003

Malik, Fredmund: Führen Leisten Leben.
Heyne, München 2001

Simon, F. B.: Meine Psychose, mein Fahrrad und ich. Zur Selbstorganisation der Verrücktheit. Carl Auer Verlag, Heidelberg 1990

Swift, Sally: Reiten aus der Körpermitte.
Pferd und Reiter im Gleichgewicht.
Müller Rüschlikon, Cham 1995

Tellington-Jones, Linda: Touch und Team
für Pferde, Franckh-Kosmos, Stuttgart 2002

Stichwortverzeichnis

Bibliographische Information der Deutschen Bibliothek

Die Deutsche Bibliothek verzeichnet diese Publikation in der Deutschen Nationalbibliographie; detaillierte bibliographische Daten sind im Internet über http://dnb.ddb.de abrufbar.

Bildnachweis:
Alle Fotos Ramona Dünisch (www.RamonaDuenisch.de), außer S. 15, 21, 48, 62, 63, 79, 91, 93, 107, 118, 120, 131 (Chris Czech, München); S. 68, 106, 126 (Nicole Truckenbrodt, München)

Grafiken: Seite 7, 25, 31 Christiane Fleissner; Seite 65, 100, 102, 108 Jörg Mair, Herrsching; Seite 70 Nicole Truckenbrodt, München

Umschlaggestaltung: Anja Masuch, Puchheim bei München
Umschlagfotos: Ramona Dünisch

Lektorat: Annette Rose
Herstellung: Angelika Tröger
Layoutkonzept Innenteil: Greenstuff, München
Layout: Anton Walter Werbegrafik, Gundelfingen
Satz: DTP-Design Walter, Gundelfingen

BLV Verlagsgesellschaft mbH
München Wien Zürich
80797 München

Gedruckt auf chlorfrei gebleichtem Papier

Printed and bound in Germany
SBN 3-405-16723-X

Hinweis
Das vorliegende Buch wurde sorgfältig erarbeitet. Dennoch erfolgen alle Angaben ohne Gewähr. Weder Autorinnen noch Verlag können für eventuelle Nachteile oder Schäden, die aus den im Buch vorgestellten Informationen resultieren, eine Haftung übernehmen.

Know-how für die Pferdeausbildung

Kerstin Diacont
Mit System zum harmonischen Reiten
Stimmig, logisch, eigenständig – das neue Ausbildungs- und Trainingskonzept: die besten Lehrmethoden aus allen Reitweisen, sinnvoll kombiniert.

Sylvia Loch
Dressur mit leichter Hand
Für ambitionierte Reiter, Turnierreiter und Reitlehrer: ganzheitlich ausbilden – einfühlsam und zwanglos; mit Tipps aus Pferdesicht, was Reiter bei der Ausbildung ihres Pferdes in klassischer Dressur besser machen könnten.

Gerhard Kapitzke
Zügelführung mit Gefühl
Zäumung, Zügelhaltung, Hilfen: das Zwiegespräch zwischen Reiterhand und Pferdemaul mit einfühlsamer Zügelführung; die Grundprinzipien der Zügelführung, ihre verschiedenen Wirkungsweisen und deren pferdegerechte Anwendung.

Stefan Radloff
Reitausbildung mit System
In Text und Grafik präzise demonstriert: Grundlagen und systematisch aufgebaute Tageslektionen für die Dressur- und die Springausbildung; die optimale Zusammenarbeit zwischen Reiter und Pferd, die Aufgaben des Ausbilders und die Trainingsplanung.

Christine Lange
Gelassenheit – Sicherheit für Pferd und Reiter
Übungen für Praxis und Prüfung: die Ausbildung des Pferdes zur Gelassenheit in allen Alltagssituationen; alle wichtigen Grundlagen für die Teilnahme an der neuen FN-Gelassenheitsprüfung.

Bernd Hackl / Carola Steen
Basistraining für Pferde
Richtig ausbilden, Problemen vorbeugen – für alle Pferderassen und Reitweisen geeignet: die Ausbildung junger Pferde von der ersten Kontaktaufnahme bis zum Anreiten; mit Praxisbeispielen: Problempferde und deren Korrektur.

Im BLV Verlag finden Sie Bücher zu den Themen: Garten und Zimmerpflanzen • Natur • Heimtiere • Jagd und Angeln • Pferde und Reiten • Sport und Fitness • Wandern und Alpinismus • Essen und Trinken

Ausführliche Informationen erhalten Sie bei:

BLV Verlagsgesellschaft mbH
Postfach 40 03 20 • 80703 München
Tel. 089 / 127 05-0 • Fax -543 • http://www.blv.de